Joe Bausch

GANGSTERBLUES

Joe Bausch
mit Bertram Job

GANGSTER BLUES

Harte Geschichten

Ullstein extra

Ullstein extra ist ein Verlag der Ullstein Buchverlage GmbH

4. Auflage 2019

ISBN 978-3-86493-056-0
© Ullstein Buchverlage GmbH, Berlin 2018
Alle Rechte vorbehalten
Gesetzt aus ITC Legacy Serif
Satz: Pinkuin Satz und Datentechnik, Berlin
Druck und Bindung: GGP Media GmbH, Pößneck
Printed in Germany

Für meine Tochter Ella

Dieses Buch befasst sich mit dem Alltag in deutschen Gefängnissen, nicht mit individuellen Biographien. Es handelt vom Zustand des Strafvollzugs, nicht von Einzelschicksalen. Die geschilderten Fälle hat der Autor so verfremdet, dass sie niemandem zuzuordnen sind. Sie beschreiben also keine lebenden oder toten Personen; sie haben sich nicht zugetragen, hätten sich aber so wie beschrieben zutragen können.

Inhalt

Vorwort

Die Zeit in Haft kann lang werden, häufig länger als gedacht. Und hin und wieder schieben auch Verbrecher den »Blues«. Dann erzählen sie sich gegenseitig Geschichten von den Straftaten, für die sie verurteilt wurden. Dabei stellen sie ihre Taten meistens viel spannender dar als das, was über sie im vergleichsweise nüchternen Urteil oder in kurzen Presseartikeln zu lesen ist. Sie berichten, wie es dazu kam, und von den Momenten, die ihr Leben für immer veränderten. Was dem Verbrechen vorausging und wie ihr Leben danach weiterlief. Was sie gewonnen, verloren oder zerstört haben. Weil keiner gern als ausgemachter Loser dastehen möchte – schließlich wurden sie ja alle geschnappt und sind im Knast gelandet –, erzählen sie sich gegenseitig und eben gerne auch mal dem »interessierten Hausarzt« und »bekannten Schauspieler« von Verbrechen, für die sie nie belangt oder nicht verurteilt werden konnten. Häufig geben sie nicht nur ihre eigenen Geschichten zum Besten. Bei einigen Verbrechen waren sie Mittäter, Augen- oder Ohrenzeuge, von anderen sind sie stille Mitwisser. Manche haben sie in langen Nächten auf der Gemeinschaftszelle von einem »Spannmann« erfahren, sie auf sich umgeschrieben und weitergesponnen. »Gangsterblues« halt.

Geschichten von Gewalt und Entsetzen, von Schuld und Unschuld, von Einsamkeit und Reue, vom Sterben, stumm ertragenem Leid, von Versuchungen, gefährlichen Begegnungen und unglücklichen Lieben, von größter Not, von Verrat, Enttäuschung und Wut, von den Abgründen kranker Seelen und von Todesangst. Kaum eine Saite, die nicht angeschlagen wird. Klänge, die man erst mal aushalten muss. Storys, die im Knast unter Insassen wie Bediensteten kursieren, weitergegeben werden und dazu dienen, der Tristesse des Gefängnisalltags für kurze Zeit zu entfliehen oder sich etwas besser zu fühlen. Wie unsereins nach dem Hören eines Lieblingssongs.

Außergewöhnliche Begegnungen und die Geschichten, die mir dabei erzählt wurden, oder Geschichten, von denen ich nebenbei erfuhr, inspirierten mich für dieses Buch. Die Idee, die interessantesten von ihnen zu anonymisieren, zu fiktionalisieren und weiterzuspinnen, trieb mich dabei an.

Die häufigste Floskel, mit der mir ein Gefangener zu verstehen gab, dass er Lust darauf habe, mir im Vieraugengespräch mal seine Geschichte zu erzählen, lautete: »Ich habe gestern Abend wieder mal einen ›Tatort‹ mit Ihnen gesehen. Nicht schlecht gemacht, zeitweilig sogar einigermaßen spannend und unterhaltsam. Aber, wenn Sie was richtig Spannendes und Abgefahrenes aus dem wirklichen Leben hören wollen, nehmen Sie sich zwei oder drei Stunden Zeit.« Die Zeit habe ich mir oft genommen. Meistens dauerte es länger, weil das, was ich dabei zu hören bekam, mich nicht mehr losließ.

Aber die meisten Verbrechen sind nur banal, die wenigsten haben für sich allein genommen das Zeug zu einem Krimi. Erst in der Verbindung von Tatsächlichem und Fiktivem wird daraus ein hintergründiger und spannender Plot. So sind die folgenden Short Storys entstanden. Zwölf Geschichten wie die zwölf Saiten einer Gibson, auf der die Bluesmusiker spielen. Eine Gitarre, bei der neben jeder Stahlsaite noch eine dünnere eingespannt ist, die gleichzeitig angeschlagen wird, also immer mitschwingt, aber ganz anders klingt.

Werl, im Mai 2018   Joe Bausch

Nach dem Schützenfest

Wie lange hat es gedauert, bis ich von Markus Lesser mehr wahrgenommen habe als seinen lautlosen Schatten, der über die Flure der Krankenstation huscht? Und wer von uns war es eigentlich, der den Abstand zwischen uns als Erster verkleinerte, indem er den anderen ansprach? Heute, etliche Jahre danach, möchte ich glauben, dass ich es vielleicht gewesen bin, der sich aus einer Stimmung heraus mit einem der Gefangenen unterhält, der bei ihm im Einsatz ist; einem sogenannten Hausarbeiter, der in seiner Abteilung die Instrumente und das sonstige Inventar reinigt. Solche Aufgaben sind im Knast keine Lakaienarbeit, sondern Vertrauenspositionen; sie werden erst durch fortgesetztes, einwandfreies Verhalten über viele Jahre erworben.

Mit Sicherheit hat aber auch Gunnar, einer meiner langjährigen Krankenpfleger, dabei eine Rolle gespielt. Der unermüdliche, an allem interessierte Gunnar, der mit jedem sprach und nebenher Dokumente aus dunkleren Zeiten sammelte, als das hier noch ein »Zuchthaus« war, in dem mancher Bedienstete völkische Parolen über die Gänge rief. Er hatte schon mal angedeutet, dass unsere so geräuschlos arbeitende Reinigungs- und Aufräumkraft ein ganz spezieller Fall sei. Und dabei betont, dass es sich lohnen könnte, sich mit seiner

Geschichte zu befassen. Das hat er allerdings über viele hier gesagt, weshalb dann noch mal eine gewisse Zeit verging. Bis Markus Lesser gerade mal wieder mein Büro blank bohnerte oder dort sonst wie Ordnung schuf, während ich in meinen Unterlagen blätterte und er sich durch meinen neugierigen Blick ermutigt fühlte. Oder ich mich durch seinen?

Plötzlich habe ich jedenfalls mehrere Ordner in der Hand, akkurat und säuberlich beschriftet, und höre dieser gedämpften, höflichen Stimme zu. Es ist mindestens der zehnte Frühsommer, den ihr Besitzer hinter dicken Mauern verbringt, irgendwann in den Neunzigern kam er zu uns, und für ihn ist das jetzt ein ganz wichtiger Moment. Das spüre ich sehr schnell, weil alles an dem eher unscheinbaren Mann Mitte dreißig mit den schmalen Schultern nun immer mehr Fahrt aufnimmt, von seinen Sätzen bis zu den gestikulierenden Bewegungen mit den Armen. Als befürchte er, dass ich mich gleich wieder abwenden könnte. Noch so einer aus dem System, den er einfach nicht erreicht – obwohl er ihm soeben erklärt hat, dass er nur durch eine fatale Fehlerkette dort hineingeraten ist. Eigene, ganz dumme Fehler, dazu die von anderen.

»Ich kann Ihnen das gerne mal hierlassen«, sagt er, scheinbar beiläufig, »und Sie geben es mir irgendwann zurück. Zusammen mit Ihrer ehrlichen Meinung. Wie wäre das?«

»Das ist in Ordnung so«, sage ich, »wenn Sie nicht gleich morgen oder übermorgen was von mir hören wollen. Ich weiß nämlich nicht, wann ich dazu kommen werde. Sie sehen ja selbst, was hier so alles los ist, Tag für Tag.«

»Völlig klar, verstehe ich. Würde mich trotzdem freuen, wenn Sie mir ... Na ja, die Tage. Ich bin ja hier ...«

Und ich bin auch hier, inmitten von hundertzwanzig

Dingen, die von morgens bis abends auf mich und mein Team einströmen. Also gehen noch mal zwei, drei Wochen ins Land, vielleicht auch etwas mehr, in denen Markus Lesser immer wieder mal auffällig nah um mich herumbohnert. Seine verstohlenen Blicke fragen mich so eindringlich, ob ich inzwischen Zeit gefunden hätte, dass es mir langsam ein wenig peinlich wird. Und tatsächlich finde ich irgendwann die Zeit – schon um in den Momenten, in denen sich unsere Wege kreuzen, nicht immer woanders hinsehen zu müssen. Das wird ein ganz besonderer Moment, weil ich da auf eine Geschichte stoße, die mich sofort und so stark wie kaum eine andere berührt. Sie geht durch die dicke Haut, die auch ich mir in dieser eigenartigen Welt zulegen musste, einfach hindurch.

Im Grunde kenne ich das längst. Ein Gefangener, der erzählt, zu Unrecht eingebuchtet worden zu sein, eine zu harte Strafe zu verbüßen oder Opfer einer perfiden Verschwörung beziehungsweise des bösartigen Justizapparats geworden zu sein. Das ist weder in Werl noch in sonst einem deutschen Knast ein außergewöhnliches Ereignis. Jeden verdammten Tag des Jahres sind Beamte und Sozialarbeiter, Ärzte und Psychiater einem gigantischen Schwall von Beteuerungen und Anschuldigungen durch empörte bis wütende Knackis ausgesetzt. Er schleift viele von ihnen über die Jahre dermaßen ab, dass sie in solchen Momenten kaum noch empathisch, sondern eher gleichgültig oder zynisch reagieren. »Hier sitzen fast neunhundert, die unschuldig sind«, kommt es dann zurück. Oder auch: »Wir haben hier einen Friseur, vielleicht kannste dem das erzählen.« Wie das eben so geht, wenn man sich in diesem Dschungel abschotten will.

Auch ein Arzt ist dagegen nicht gefeit. Schon durch seine

Sonderstellung, die Schweigepflicht, ist er ein beliebter Anlaufpunkt für viele Beschwerden. Viele von ihnen gehen über rein medizinische Dinge weit hinaus.

Eines Abends, an dem ich allein in meiner Wohnung bin, gehe ich dann tatsächlich die Ordner durch, die Lesser mir in die Hand gedrückt hat. Ich sitze am Küchentisch, mit dem Rücken zu den Fenstern, die den Blick auf ein Stück Mauer und vergitterte Fenster freigeben, und bin verblüfft. Eben hatte ich noch Leerlauf, doch in den nächsten Stunden erhebe ich mich nur noch, um Zigaretten zu suchen oder kurz zur Toilette zu gehen. Was ich da lese, Schriftstück um Schriftstück, ist tatsächlich unglaublich. Und trotzdem glaubhaft, soweit ich das im ersten Durchgang einschätzen kann. Die aberwitzigsten Geschichten erfindet eben immer noch das Leben.

Und diese hier ist gerade mal ein paar Jahre her.

Das Schützenfest ist der konkurrenzlose Höhepunkt im Jahreskalender der kleinen Ortschaft im Bergischen Kreis, irgendwo zwischen Opladen und Gummersbach. Dort, wo die Fensterläden im alten Fachwerk so grün leuchten wie die sanft geschwungenen Hügel an alten Landstraßen. So ist das auch an diesem Frühsommerabend 1990, dem ersten Samstag nach Pfingsten. Im Schützenzelt wird den ganzen Abend musiziert und getanzt, gebaggert und gelacht und gesoffen. Man hebt Pils und Korn, Sekt oder Jägermeister, und wer am Ende mit wem verschwindet, darüber schweigt die laue Nacht. Sie lässt die Männer und Frauen, die im schwachen Laternenlicht aus dem Zelt laufen oder torkeln, gnädig zu Silhouetten werden.

Am nächsten Morgen ist allerdings erst mal Schluss mit lustig. Da stehen mit einem Mal mehrere Polizeiwagen und ein halbes Dutzend Kripobeamte um eine frisch abgesperrte Scheune herum. In ihrem Innern liegt die übel zugerichtete Leiche von Susanne Drygalski, einer zwanzigjährigen Studentin der Rechtswissenschaften, die fürs große Wochenende aus Köln zurückgekommen ist, zu Eltern und Schulfreundinnen. Die stets unbeschwerte, hübsche Susanne, die so gern Handball gespielt und getanzt hat. Wer im Ort hat sich nicht nach ihr umgedreht!

Es dauert nur einige Stunden, bis die Ermittler auch am Elternhaus von Markus Lesser klingeln. Der junge Angestellte der nächsten Sparkassenfiliale hat am Abend öfter mit Susanne getanzt, wie im Zelt beobachtet wurde. Und dass er sie nach Mitternacht begleitet hat, in Richtung ihres Elternhauses, haben ebenfalls alle mitbekommen. Das bleibt nicht aus in so einem kleinen Ort. Der Mittzwanziger dürfte der Letzte gewesen sein, so heißt es, der Susanne lebend gesehen hat. Eine Feststellung, die ihn erst mal verdächtig macht.

Ganz nach Hause habe er die Susanne allerdings nicht gebracht, macht Markus gegenüber den Kripobeamten geltend. Und getanzt habe er gestern mit so vielen. Das wollen manche im Ort allerdings anders gesehen haben. Sie geben zu Protokoll, dass der junge Mann schon länger hinter dem Mädchen her war, offenbar jedoch ohne Erfolg. So entsteht die Geschichte des glühenden Verehrers, der vergeblich alles auf eine Karte setzt und wegen dieser Zurückweisung durchdreht, praktisch von allein. Sie gibt auch die einzige Richtung vor, in die nun ermittelt wird. Mit einigem Druck, weil sich Nachrichten über die übel zugerichtete Leiche, halbwahre wie falsche, rasend schnell im Ort verbreiten.

Ein ganzer Ort im Schockzustand. Und knapp zweitausend Menschen, die sich und die im einzigen Gasthof logierenden Ermittler fragen, ob das wirklich einer von ihnen gewesen sein kann. Einer wie der Markus, der bei den Mädchen wenig Glück hatte und weiterhin im Jugendzimmer bei seinen Alten wohnte. Das stille, tiefe Wasser. Also, wenn überhaupt schon einer, dann noch am ehesten der.

Möglicherweise sind die ermittelnden Beamten auch selbst aufgebracht. Ein junges Mädchen, dem jemand den Schädel eingeschlagen hat, bevor es vergewaltigt wurde; dazu die beiden mit einem scharfen Gegenstand tief eingeritzten Brüste. Das kann auch noch so hartgesottene Polizisten wütend machen. So wütend, dass sie sich mit aller Macht auf den Ersten stürzen, der in Frage kommt. Und versuchen, ihn so lange in die Mangel zu nehmen, bis er geständig ist.

Gib es doch zu. Du warst doch geil auf sie. Du wolltest es ihr mal so richtig besorgen.

Tatsache ist, dass der Verdächtige an diesem Sonntag bis in die Nacht hinein verhört wird, fast pausenlos und ohne Rechtsbeistand. Bis er, übermüdet und eingeschüchtert, irgendwann die Tat gesteht. Und dass er dieses Geständnis am nächsten Tag bereits widerruft. Weshalb er erneut verhört wird, etliche Stunden lang, und seinen Widerruf endlich widerruft. Ich war es nicht, ich war es, ich war es nicht, ich war es. Da ist eine ganze Achterbahnfahrt in den gerichtlichen Unterlagen festgehalten, die Lesser mir mit anderen Dokumenten überlassen hat. Mir und einem renommierten Rechtsanwalt, Spezialist für Strafrecht und Wiederaufnahmeverfahren, den er inzwischen eingeschaltet hat, wie er erzählt, damit der Fall neu aufgerollt wird.

Denn Markus Lesser möchte freikommen aus jener Haft, in die er sich selbst hineingeredet hat. Er könnte sich selbst verfluchen, dass er sich von den Polizisten so sehr drangsalieren ließ, wie er Gunnar und mir später sagen wird, und nicht zuletzt auch seinem Pflichtverteidiger. Der hat ihm vor dem Prozesstermin geraten, geständig und ansonsten stumm zu bleiben, um ein milderes Urteil zu bekommen; eine andere Chance habe er nicht. Es war die dümmste aller möglichen Strategien, denn dadurch ist alles nur noch schlimmer geworden. Der Angeklagte wird am Kölner Landgericht wegen des brutalen Mordes zu einer lebenslänglichen Freiheitsstrafe verurteilt.

Die Mühlen haben in diesem Fall, der die Öffentlichkeit erregt hat, unheimlich schnell gemahlen. Die Kripo hat bei den Ermittlungen nicht eine andere Spur verfolgt und keinen zweiten Verdächtigen befragt; mit mehreren Beweisstücken wurde geschludert. Und der Prozess war nach wenigen Tagen schon vorüber. Dann ist Lesser aus der Untersuchungshaft nach Werl hinübergewechselt, und ich kann nicht behaupten, dass er mir bei der obligaten Eingangsuntersuchung oder danach, etwa bei einem ärztlichen Routinetermin, wirklich aufgefallen ist. Nicht hier, in einer Anstalt mit knapp neunhundert Haftplätzen, wo immer gerade einer randaliert, krank wird, behandelt, verlegt oder operiert werden muss.

Auch nachdem er anfing, in unserer Abteilung zu arbeiten, habe ich Markus Lesser nicht wirklich wahrgenommen. Es gibt Menschen, die einfach nicht der Typ dafür sind. Aber in dem Moment, in dem ich diese Unterlagen aus seiner Hand entgegengenommen habe, bin ich eine Verpflichtung eingegangen. Ich werde mir diese Geschichte ansehen, so unbefangen es geht, und anschließend meine Meinung dazu abgeben; das habe ich versprochen. Nicht als der Mediziner, den er jeden Tag erlebt, sondern als einer der wenigen, denen er zwischen diesen Mauern seine Not anvertraut – warum auch immer.

Wie viele bleiben einem denn nach so einem Schuldspruch? Gunnar erzählt mir, dass die Eltern und beide Brüder sich von Lesser offenbar komplett abgewendet hätten. Besuch erhalte er einzig von Brigitte, der jüngeren Schwester. Sie wolle nicht glauben, dass ihr Bruder imstande ist, einem Mädchen aus dem Ort mit der Querstange eines Traktoranhängers den Schädel einzuschlagen, um sie anschließend zu schänden. Darum habe sie auch den Anwalt eingeschaltet, der auf Wiederaufnahmeverfahren spezialisiert ist. Eine echte Koryphäe, die irgendwo einen Lehrstuhl für Strafrecht innehabe. Um das Honorar dafür zu stemmen, hätten sie und ihr Mann kürzlich sogar eine Hypothek auf ihr Haus aufgenommen.

»Da hat aber jemand eine Schwester aus dem Bilderbuch«, sage ich zu Gunnar. »Sich zu verschulden, um den Bruder freizubekommen: Wer macht das schon?«

»Die Brüder jedenfalls nicht. Die haben sogar versucht, ihrer Schwester das auszureden. Hat Markus jedenfalls mal erzählt ...«

Nach den Argumenten und Expertisen zu urteilen, die der Staranwalt auffährt, ist dieses Geld zumindest an der richtigen Stelle investiert. Dr. jur. Krupka hat als Erstes die Protokolle der kriminalpolizeilichen Vernehmungen auseinandergenommen. Sie zitieren Markus Lesser in einer so drastischen, vulgären Diktion, dass erhebliche Zweifel an ihrer Authentizität angebracht sind. Ein Sprachwissenschaftler, den Krupka auf Kosten von Brigitte Lesser beauftragt hat, ist sogar fest davon überzeugt, dass der Zitierte sich so nie geäußert hat oder äußern könnte. Das wird auch durch die gezielte Befragung einiger Arbeitskollegen und Bekannter von Lesser gestützt.

Der protokollierende Beamte müsse da sein ausgeprägtes, literarisches Talent eingebracht haben, heißt es im Resümee der Expertise. Ein Talent, welches hier allerdings nichts zu suchen habe. Das wird Dr. Krupkas erstes Geschütz. Das zweite ergibt sich durch die Mängel des gerichtsmedizinischen Gutachtens. Die erheblichen Blutspuren der Tat etwa sind nur lückenhaft dokumentiert. Vor allem findet sich keine Erklärung dafür, warum sie nirgendwo an Lessers heller Kleidung anhafteten, die er am betreffenden Abend getragen hatte. Das ist eigentlich kaum möglich bei solch einem brachialen Akt. Dass der Gerichtsmediziner auf Befragen nur versichert, es habe damals schon alles seine Richtigkeit gehabt, macht das Ganze nicht transparenter.

Eine Metallstange, die auf einen Schädel niedersaust, nicht nur einmal, und ein Täter, der die Stange in unmittelbarer Nähe zum Opfer schwingt und doch so rein bleibt wie ein frisch aufgezogenes Bettlaken: Das muss nach menschlichem Ermessen ein Kunststück gewesen sein.

Jeder kann sich vorstellen, wie Markus und seine Schwester durch diese Argumente und Expertisen ermuntert worden sind, ihren Weg weiterzugehen. Noch aber ist im Grunde kaum etwas passiert. Es braucht etliche solcher Gutachten und Schriftsätze, inklusive Glück und günstiges Timing, um gemäß Paragraph 359 der Strafprozessordnung im deutschen Justizapparat ein sogenanntes Wiederaufnahmeverfahren durchzusetzen. Und einen nicht zu abgebrühten Richter beziehungsweise Staatsanwalt, der sich tatsächlich noch mal in den Fall kniet und sich nicht scheut, eventuell einen Fehler im System einzugestehen. Einen, der sich wenig darum schert, wer von den Kollegen demnächst noch mit ihm sprechen wird.

Aber wie findet man den? Nur in jedem 8900. Fall soll es in diesem Land tatsächlich dazu kommen, dass ein bereits verhängtes Strafurteil im Zuge eines neu aufgenommenen Verfahrens noch mal unter die Lupe genommen wird. So weist das eine Statistik aus, die von kritischen Strafverteidigern häufiger zitiert wird. Solchen, die eine »Vergötzung der Rechtskraft« in der gängigen Praxis beklagen und daraus schließen, dass das Recht auf begründete Revision im Grunde so gut wie abgeschafft ist – weil es de facto nicht zum Tragen kommt. Die Fehleranalyse ist in diesem System eben nicht wirklich eingebaut. Wer nach Jahren eine neue Idee in eine alte Strafsache reinbringen möchte, bei der im Zweifel gleich zu Anfang einiges verbockt wurde, stößt meist auf taube Ohren.

Was kann ich Markus Lesser also sagen, wenn ich ihm die Unterlagen zurückgebe? Wie kann ich einen Funken Hoffnung in der Sache lassen, ohne ihm seine Erfolgsaussichten in allzu rosigen Farben zu schildern? Ein Gefängnisarzt, der sich zu oft auf die Seite seiner Patienten schlägt, kann im Knast schnell zu einer fragwürdigen Figur werden. Wenn sich das herumspricht, wird er den Respekt, den die Gefangenen vor ihm haben, eher verlieren. Sie behandeln ihn dann als einen, den sie leicht für ihre Zwecke manipulieren können. Wie das eben so läuft in einem Haifischbecken, wo Sentimentalität als Schwäche gilt.

Trotzdem sagt mir mein Bauch, dass ich in diesem Fall ganz realistisch bleiben sollte. Ich werde ihm ganz bestimmt nichts vormachen, wenn ich demnächst mit ihm unter vier Augen spreche.

Zwei Tage, nachdem ich die Ordner mit wachsendem Interesse durchgearbeitet habe, gebe ich Markus Lesser also einen Wink. Er hat gerade den Warteraum gebohnert und streift sich erst mal die Plastikhandschuhe ab, bevor er sich in meinem Büro mir gegenüber auf dem Stuhl niederlässt – betont langsam, um die innere Spannung halbwegs zu verbergen. Im gleichen Moment ist Gunnar, der mir gerade Formulare zum Unterschreiben vorlegen wollte, augenzwinkernd nach draußen verschwunden.

»Das ist starker Tobak«, beginne ich, »wer hat das bisher noch alles gesehen?«

»Mein Anwalt, natürlich. Und meine Schwester, die glaubt an mich. Gott sei Dank.«

»Und Gunnar?«

»Davon erzählt, immer wieder mal. Aber bisher noch nix gezeigt. Ich wollte erst Ihre Meinung hören, Doc.«

»Aber ich bin hier nur der Arzt, sorry. Kein Jurist und kein Anwalt.«

»Nee. Schon klar.«

»Also gut …« Dann höre ich mich sagen, dass in diesem Fall offenbar ganz viele Ungereimtheiten zusammenkommen und dass man hier nach meinem Verständnis von Gerechtigkeit noch mal gründlich ermitteln müsste, im Zuge einer erneuten Beweisaufnahme. Und dass irgendeine Stelle im Apparat irgendwann zugeben sollte, dass da vielleicht ein tragischer Fehler fabriziert wurde. Tragisch, weil ihn, Lesser, das Jahre seines Lebens kostet, die er in Unfreiheit verbringt. Es ist das erste und bisher letzte Mal, dass ich mich einem Gefangenen gegenüber so eindeutig positioniere, face to face, und ich kann spüren, wie mein Gegenüber das förmlich einsaugt.

Im nächsten Moment setzt er dann noch einen drauf. »Klar, ich sitze im Knast, und das ist für mich hart genug«, sagt Lesser. »Aber der Kerl, der Susanne wirklich ermordet hat, läuft immer noch draußen rum, und das ist viel schlimmer. Was ist denn, wenn in dieser Gegend demnächst wieder so etwas passiert? Möchte ja nicht sehen, wie die dann am Rad drehen.«

»Völlig richtig«, sage ich. »Nur weiß ich leider nicht, wen oder was ich in dieser Sache anschieben könnte.«

Es folgen Wochen, in denen Lesser mir eher aus dem Weg geht. Wer als Knacki zu oft mit einem vom Personal zusammensteht, macht sich vor den anderen als Schleimer verdächtig; oder gar als Informant, was noch brisanter ist. Auch das hat der gedrungene Mann seit seiner Ankunft in Werl schnell begriffen. Es ist eine völlig andere Welt, in die er vor zehn Jahren geraten ist, und wie er sich da hineingefügt hat, nötigt mir Respekt ab. Es gibt andere, die an so einer Situation zerbrechen.

Ab und zu aber ergibt es sich danach, dass Lesser einige frisch gereinigte Kittel vorbeibringt oder sonst irgendwas, und dann wechseln wir wieder kurz ein paar Worte. Dabei erfahre ich, dass Dr. Krupka nun den Antrag auf Wiederaufnahme des Falls stellen will, an einem OLG. Bis dahin soll noch ein neues, gerichtsmedizinisches Gutachten in Auftrag gegeben werden. Natürlich in der Hoffnung, dass es die erste Version gründlich zerpflückt.

»Kennen Sie nicht einen Gerichtsmediziner, der so ein Gutachten in unserem Auftrag anfertigen könnte?«, fragt er mich. Ich kenne viele.

Krupka schwebt vor, dafür die Gewalttat in der Scheune

nachstellen zu lassen. Irgendwer soll mit einer Stange auf einen frischen Tierkadaver eindreschen, um zu prüfen, wie dann das Blut spritzt. Ein Spezialist soll das Ganze mit einer Hochgeschwindigkeitskamera festhalten. Das Ergebnis könnte Lesser ein ganzes Stück weit entlasten.

Aber die Scheune, in der das damals geschah, ist längst abgerissen worden; man müsste sie praktisch nachbauen. So erzählt es mir der Gefangene Monate später. Alles so nachzustellen, dass es einwandfreie Beweiskraft hat, könnte also immer teurer werden. Und allein mit dem restlichen Geld von der Schwester ist das nicht zu stemmen. Dieses Geld ist zu einem guten Teil auch schon aufgebraucht.

So vergehen wieder Monate, in denen sich offenbar nichts bewegt. Und Jahreszeiten und Jahre. Markus Lesser bleibt ein zuverlässiger Hausarbeiter, er wird in der medizinischen Abteilung als immer freundliche Hilfskraft geschätzt. Nimmt regelmäßig an Umschluss und Hofgang teil und dann und wann auch am Sport. Legt sich nicht mit den Silberrücken an, von denen es auf jeder Etage mindestens einen gibt, und lässt sich nicht auf Drogengeschäfte oder sonstige subkulturelle Aktivitäten ein. Bleibt also ziemlich genau der dezente Mensch, als der er bis zum Schützenfest hinter dem Schalter der Sparkasse stand: offenes Jackett, nicht zu schrille Krawatte.

Und bleibt eingesperrt.

Selber schuld? Manche Kollegen vom Personal vertreten diese Ansicht, wenn mal wieder vom Fall Lesser die Rede ist. Für sie ist der leise Mann schon allein deshalb schuldig, weil er sich schuldig bekannt hat. Das mache doch keiner einfach so, heißt es dann: »Würdest du denn etwas zugeben, was du gar nicht verbrochen hast?« Dieses Geständnis ist in den Akten und alle Zweifel an Gutachten und Protokollen sind es nicht. Also existieren sie nach alter Juristenweisheit auch nicht.

Quod non est in actis non est in mundo.

Andere halten Lesser für unschuldig, mit hoher Wahrscheinlichkeit, und wundern sich mit mir, dass er trotz Anwalt und vieler guter Ideen nicht entscheidend vorankommt. Sie sagen: »Hoffentlich hält der das durch.« Es gibt inzwischen nämlich Phasen, in denen die Skepsis in seinem blassen Gesicht die Regie übernommen hat: Don Quijote, der allmählich merkt, wie mächtig die Windmühlen sind. Noch aber sind das nur Phasen.

Aber gerade, als er erkennbar an einem Tiefpunkt angelangt ist, macht die Nachricht von einem weiteren Gewaltverbrechen im Bergischen Kreis die Runde. Keine zehn Kilometer von Lessers Heimatort entfernt wird in einem Waldstück die übel zugerichtete Leiche einer achtundvierzigjährigen Frau entdeckt. Sie ist mit einem schweren Gegenstand erschlagen und nach ihrem Tode geschändet worden. Beide Brüste sind mit einem scharfen Gegenstand tief eingeritzt worden.

Wieder ist ein ganzer Ort, eine ganze Region zwischen grünen Hängen in Aufruhr. Wieder arbeitet die Kriminalpolizei unter Hochdruck. Im Fall Lesser dagegen hätte es kaum günstiger kommen können. Der hat als Gefangener der JVA ein wasserdichtes Alibi. Und nun fragen sich hier auch einige, die ihn bisher für schuldig gehalten haben, ob sie sich nicht angesichts der neuen Fakten den Fall wieder aufrollen müssen. Zwei Mal die gleiche Gegend, zwei Mal der gleiche Tathergang mit den gleichen abstoßenden Details.

Das bringt auch Dr. Krupka wieder in Stellung, wie ich

bald von Lesser erfahre. Der Anwalt nimmt noch mal Geld in die Hand, von wem auch immer, vielleicht sogar sein eigenes, und gibt bei einem renommierten Kriminologen ein neues Gutachten in Auftrag. Der soll die Details beider Fälle als erfahrener Profiler abgleichen und beurteilen, ob zwei verschiedene Täter am Werk gewesen sein könnten. Oder tatsächlich nur einer.

Das ist keine Sache von Tagen, sondern eine von Monaten. Am Ende kommt der Kriminologe zu dem Schluss, dass in beiden Fällen angesichts des Vorgehens, der Details sowie der übrigen Tatumstände nur ein und derselbe Täter in Frage kommt. Das bedeutet: ein ziemlich gestörter, hochgefährlicher Mensch, der bisher noch nicht ermittelt worden ist.

Ab sofort ist Markus Lesser wieder im Aufwind, jeder in Werl kann das spüren. Aufgeweckt durch die Berichte über das neue Verbrechen, und vielleicht auch von Dr. Krupka, berichtet nun eine Regionalzeitung aus dem Bergischen von ihm und dem alten Fall. Und nach dem regionalen berichten zwei überregionale Blätter, und nicht viel später steht ein Ü-Wagen vor dem Haus von Brigitte Lesser, für ein TV-Feature in einem Privatsender, zur besten Sendezeit. Endlich ist sie in ihrem Kampf für Markus nicht mehr allein. So fühlt es sich zumindest eine Zeitlang an. Und die Eltern, die damals aus dem Bergischen regelrecht geflüchtet sind, irgendwo an den Stadtrand von Köln, schicken jetzt, nach all den Jahren, die ersten Briefe.

Aber was Leser und TV-Zuschauer beeindruckt, kann die Verantwortlichen im Justizapparat dennoch kaltlassen. Für sie ist die Expertise, die Dr. Krupka erstellen ließ, noch lange kein Beweis. Das gibt man dem Anwalt in den informellen

Gesprächen mit Richtern und Staatsanwälten schnell zu verstehen. Sein Vorhaben, den alten Fall detailgenau zu simulieren, um ihn mit High-Speed-Kameratechnik aufzuzeichnen, hat er schon vor einiger Zeit fallen lassen müssen. Zu viele, kaum überwindbare Schwierigkeiten. Nun gilt es genau abzuwägen, ob er genug Munition beisammenhat.

Folgt man den Paragraphen, ist das längst der Fall. Demnach ist eine Wiederaufnahme möglich, »wenn neue Tatsachen oder Beweise einen Freispruch oder eine Milderung bewirken könnten«. So steht es in der Strafprozessordnung. Möglich heißt jedoch nicht zwingend, und wird ein Antrag auf Wiederaufnahme einmal abgelehnt, kann der Herr Anwalt sich wieder hinten, am Ende der Schlange anstellen. Darüber vergehen in aller Regel einige Jahre.

Heute weiß ich nicht mehr genau, wann Krupka den Antrag tatsächlich gestellt hat. Sein Mandant ist nach ungefähr fünfzehn Jahren in Werl in eine Anstalt des offenen Vollzugs verlegt worden. Das geschieht regelmäßig nach tadelloser Führung in einer geschlossenen Anstalt und dient der Vorbereitung der Entlassung unter gelockerten Bedingungen – die noch mal zwischen einem und drei Jahren dauern kann.

Es muss kurz danach gewesen sein, als mir jemand erzählte, dass der Antrag auf Wiederaufnahme abgelehnt worden sei. Das wird nach deutschem Recht bei einem kurzen, internen Termin ohne mündliche Verhandlung entschieden. Bei seiner Entscheidung bezog sich das Gericht auf ein zweites Gutachten eines nicht minder renommierten Experten, das den zweiten Mord an der achtundvierzigjährigen Frau als Nachahmungstat einstufte: zwei Verbrechen, zwei verschiedene Täter.

Wie Lesser diese Entscheidung verkraftet hat, habe ich nicht mehr mitbekommen. Es muss ein Wirkungstreffer gewesen sein, wie Boxer sagen, der manch einen ausknockt. Lesser aber hat sich wieder aufgerappelt, um auch in der nächsten JVA ein mustergültiger, völlig unauffälliger Gefangener zu sein. Er arbeitet bald in einem freien Beschäftigungsverhältnis in einer Düngemittelfabrik. Weitere Versuche, sich vor Gerichten Gehör zu verschaffen, unternehmen er und sein Anwalt nicht mehr.

Das kann ich verstehen. Wenn du dich zehn und mehr Jahre an eine Option klammerst, ohne damit Erfolg zu haben, lässt du es irgendwann sein. Du bist weichgekocht. Und zu zermürbt, um immer weiter gegen die Windmühlen anzurennen und die Zweifel auszuräumen, die dich immer noch umgeben. Noch dazu, wenn sich jemand aus deiner Familie auf Jahre hinaus verschuldet hat, um dir zu helfen.

Und dann, nach fünfzehn oder sechzehn Jahren, hörst du plötzlich davon, dass man über deine vorzeitige Entlassung nachzudenken beginnt. Die tadellose Führung, die günstige Perspektive. Deine Schwester würde dich fürs Erste bei sich und ihrem Mann aufnehmen. Jetzt ist die Chance auf Gnade von oben weit größer als die Chance auf Gerechtigkeit. Das macht Lesser eher noch stiller, noch geschmeidiger – wenn das in diesem Fall überhaupt noch geht.

Einen besonderen Stolperstein erlebt ein Gefangener trotzdem noch, wenn er bis zum Schluss auf seine Unschuld pocht. Der Psychologe, der das letzte Gutachten anfertigt, wird ihm zwanghaftes Leugnen bei mangelhafter Aufarbeitung seiner Straftat attestieren – klassischer Fall von Verdrängung also. So erhält Lesser nach gut achtzehn Jahren in Haft einen Persilschein mit Schmutzrand: Der glaubt noch immer, es nicht getan zu haben, ist aber völlig harmlos und hat sich über viele Jahre gut geführt; von dem geht keine Gefahr mehr aus. Den kann man rauslassen.

Erst mal wieder in Freiheit pflegt Markus Lesser seinen »Wahn« jedoch weiter – schon, um sein Ansehen und das der Familie ein Stück weit zu retten. So berichtet es mir Dr. Krupka, den ich irgendwann bei einem Gerichtstermin in Arnsberg treffe. Ein robuster, selbstbewusster Mann, Mitte fünfzig, der mit seinem Mandanten tatsächlich an einem neuen Wiederaufnahmeantrag arbeitet. Und überdies ein engagierter Dozent, der in seinen Seminaren und Veröffentlichungen in scharfer Rhetorik gegen den hochmütigen Umgang mit Revisionsanträgen zu Felde zieht.

»Nennen Sie mich ruhig eitel«, schließt Krupka unser kurzes Gespräch auf dem hallenden Gang. »Ich nenne es kampfbereit. Denn ob Sie es nun glauben oder nicht: Ich bin bis heute fest davon überzeugt, dass Lesser keiner Fliege etwas zuleide getan hat. Für mich ist das der krasseste Fall, der mir in dieser Hinsicht begegnet ist. Und ich sage Ihnen noch eins: Ganz tief drinnen, da wo keiner hineinschauen kann, sehen Sie es doch haargenauso.«

Und wer bin ich, einem so angesehenen Mann zu widersprechen?

Sixpack

Alles geschieht so schnell, dass er es kaum begreifen kann. Wer sich da hinter ihm angeschlichen hat, und wie viele, oder was da auf einmal auf ihn niedergesaust ist. Der wuchtige Schlag kommt zu plötzlich, und der Schmerz ist absolut, alles überwältigend. Als würde eine Lok in seine Weichteile fahren. Sobald er mit einem durchdringenden Schrei die Langhantel loslässt, durchfährt ihn auch schon der nächste unerträgliche Schmerz. Hundertfünfzig Kilo stürzen auf seinen Brustkorb. Er hört noch, wie Rippen brechen.

Zwei traumatische Ereignisse in derselben Sekunde, zwei heftige Schocks. Dann ist da nichts mehr außer tiefer, gnädiger Bewusstlosigkeit.

Im Film sieht ein Verletzter, der so wegkippt, als Nächstes das Licht an der Decke auf der Intensivstation. Im wirklichen Leben kommt er oft noch mal zu sich; auch das Adrenalin in der Infusion, die er in der Regel erhält, hat daran seinen Anteil. Nur dass er überhaupt nichts dabei empfindet, nichts versteht und sich später nicht mehr daran erinnern kann. Was eigentlich immer ein großes Glück bedeutet.

Udo Weigold sieht uns wohl für ein paar Momente, mich und mehrere Helfer, die sich über ihn beugen, während ich geplatzte Adern an seinem Unterleib abklemme, eine große

Dosis Schmerzmittel injiziere und den Tubus zur künstlichen Beatmung in seinen Rachen schiebe. Sieht uns und sieht uns nicht. Dann ist er wieder weg und wird im nächsten Moment auf einer Trage aus dem Kraftraum gebracht. Irgendwo da draußen, jenseits der Anstaltsmauern, können wir schon den Notarztwagen hören. Weigold hört ihn nicht mehr.

Wie sich eine Lage in Sekunden komplett verändern kann. Eben ist Weigold noch ein kraftstrotzender Mann bei seiner Lieblingsbeschäftigung in der JVA gewesen, mit schweißglänzenden Armen, dick wie Oberschenkel. Pyramidentraining an der Langhantel, von achtzig bis hundertfünfzig Kilo in Zehnerschritten. Was man sich so gibt, um in Form zu bleiben. Nun ist er von einem Beamten, der den Kraftraum abschließen wollte, bewusstlos auf der Hantelbank gefunden worden, eingequetscht von der Langhantel, wie ein toter Käfer, der auf dem Rücken liegend fixiert wurde, in einer großen Lache aus Blut und Urin. Wie lange er da schon gelegen hat, weiß keiner.

»Schnell Doc, da liegt einer im Kraftraum. Sieht verdammt übel aus.« Viel mehr wurde nicht gesagt, als sie mich holten. Nur dies noch: »Nimm gleich alles mit, was wir für den Notfall dahaben.« So bin ich dazugekommen und muss an Ort und Stelle alle Erfahrungen als Rettungsarzt abrufen, um das Schlimmste zu verhindern: dass in diesem übel zugerichteten Körper plötzlich kein Leben mehr ist.

Hundertfünfzig Kilo. Er wollte sie dreimal hintereinander drücken, mit kurzen Pausen, heißt es später, so wie immer. Ein Handtuch neben sich auf der Bank und ein paar Spackos dahinter, die auf ihn aufpassen und ihn bestaunen dürfen. Nun ist es bei zweimal Drücken geblieben. Wegen der zwanzig Kilo schweren Kurzhantel, die ihm einer in die Weichteile gekloppt hat, als er das Gewicht fast oben hatte. Irgendein feiges Arschloch, das sich von hinten angeschlichen hat.

Von wegen aufpassen: Plötzlich war von seinen Spackos keiner mehr da. Als hätten sie einen Wink gekriegt, einfach mal woandershin zu sehen. Oder sie hatten sich verdünnisiert, ganz leise.

Das Gewicht der Kurzhantel ist wie eine Axt eingeschlagen, das ist nicht zu übersehen. Und dann noch der Flurschaden, den die Langhantel angerichtet hat. Hundertfünfzig Kilo! Hoffentlich ist der Brustkorb nicht komplett zerschmettert. Wäre die Hantel auf seinen Hals geknallt, hätte sie ganz sicher den Kehlkopf zerschlagen – wenn nicht mehr. Dann wäre es mit dem hier schon vorbei, und wir hätten noch mehr Theater. Ein tödlicher Anschlag auf einen Gefangenen, das ist so ziemlich das Letzte, womit eine Vollzugsanstalt in die Schlagzeilen kommen möchte.

Aber in dem hier ist noch Leben, der hat noch eine Chance. Ein Notfallarzt spürt das sehr schnell, wenn er zu einem Unfallopfer kommt, und gibt dann alles – ganz egal, ob es sich bei dem Verletzten nun um einen Friedensnobelpreisträger handelt oder um einen verurteilten Gewalttäter. Also tun wir, was wir können, meine Ersthelfer und ich, bis der Notarztwagen eintrifft. Dann rollen wir den Bewusstlosen auf einer Krankentrage durch Flure und Stahltüren und schieben ihn auf dem Gefängnishof ins offene Heck des bereitstehenden Wagens.

Blaulicht zuckt, Türen werden zugeschlagen. Für einen kurzen Moment sehen wir noch dem sich entfernenden Auto hinterher, ebenso aufgedreht wie geschafft. Wir haben keine Ahnung, ob das Opfer diesen Anschlag überstehen wird.

Fünf Jahre zuvor etwa habe ich schon mal in diese Augen geblickt. Nur glänzten sie da so wach und so unberechenbar wie bei einem wilden Hund, das ist mir gleich aufgefallen. Udo Weigold ist gegen Abend in mein Büro gekommen, vielleicht um einen exklusiveren Auftritt zu haben, und fragt nach einem Schmerzmittel. Er möchte seine Schulter mal vergessen können, die vom vielen Eisenpumpen überlastet ist, wie er schon selbst vermutet. Am liebsten hätte er ein ganz starkes Medikament und vielleicht auch gleich mehrere Packungen davon, so zur Reserve. Ob ich ihm die wohl mal eben verordnen könnte?

Nein, kann ich nicht. Starke Schmerzmittel werden in jedem Knast wie Drogen gehandelt und sind auch ein Zahlungsmittel. Wer so etwas verordnet, sollte zwingende Gründe dafür haben, und auf Vorrat gibt es so was schon mal gar nicht.

»Ach, kommen Sie schon, Doc!«

»Nein, geht nicht. Vergessen Sie's einfach.«

»Letztes Wort?«

Ja, schon, weil ich schweige. Also schwenkt der Patient auf die kleine Lösung um: »Na gut, dann geben Sie mir eben die harmloseren Dinger. Hab ich auch kein Problem mit.«

Am Ende schnappt er sich, was ich ihm gebe, mustert mich noch mal beiläufig und federt übertrieben durch die Tür. Ein drahtiger Typ um die dreißig, der seine bescheidene Körpergröße durch bestens definierte Muskeln kompensiert. Quadratisch, praktisch, fies. Freundschaften fangen wohl anders an, aber darum geht es dem hier auch nicht. Der will dominieren, wo er geht und steht, auch und gerade im Knast. Je mehr das hier mitbekommen, desto besser ist es. Besser für ihn. Das ist zumindest mein zweiter Eindruck.

Der erste ist kein halbes Jahr her und war auch nicht besser. Da habe ein junger Knacki in der Wäscherei eine Betriebsbeamtin angemacht, wird in der Verwaltung erzählt, über Wochen und Monate. Eine korpulente Frau jenseits der besten Jahre, die sich irgendwann tatsächlich mit ihm eingelassen habe. Das wäre vielleicht nie herausgekommen, hätte der Knacki es nicht selbst erzählt, in allen Details – gleich beim Direktor. Als wäre das eine größere Heldentat.

Die schnelle Nummer auf der Beamtentoilette hat für den Gefangenen keine negativen Folgen. Im Gegenteil: Wer in diesem Bullenkloster eine Beamtin flachlegt, steigt in der Achtung der anderen Gefangenen. So einfach ist das. Sie selbst kostet der Spaß, nachdem sie bei der peinlichen Befragung alles zugegeben hat, allerdings den Job. Darüber hinaus wird sie noch wegen sexueller Handlungen mit einem Abhängigen zu einer Freiheitsstrafe auf Bewährung verurteilt.

Arbeit verloren, vorbestraft: Das ist nicht wirklich lustig, und ich habe mich gefragt, wer zum Teufel geht so vor. Pardon, Herr Direktor, ich hab da eine aufgebockt; ist einfach so passiert. Ich sag Ihnen auch, um wen es geht. Es sei denn, dass es um eine Wette unter Knackis ging. Oder darum, sich eine Verbündete zuzulegen, die nach so einer Nummer am Fliegenfänger hängt und ihm jeden Gefallen tun muss. Eine, die ihm dann aber vielleicht gesagt hat: Nein, das kannst du nicht von mir verlangen, das mach ich nicht.

Da versucht einer wohl alle anderen zu instrumentalisieren, mit allen Mitteln. Das ist zumindest mein Verdacht, als die Geschichte in der JVA rumgeht. Dann frage ich in unserer Abteilung und an anderen Stellen nach, was man über Weigold alles so weiß. Das sei einer aus der Sicherheitsverwahrung, kommt es zurück, der seinen Sixpack halbnackt durch die Muckibude trage und sich aufführe wie eine Mischung aus Affenkönig und Pornostar. Ein absoluter und ziemlich unangenehmer Selbstdarsteller.

Das reicht völlig aus, um meine Neugierde zu wecken. Ich besorge mir also die Personalakten, und als ich endlich Zeit finde, lese ich mich darin augenblicklich fest.

Keine dreißig Minuten nach dem Vorfall wird der Schwerstverletzte mit Blaulicht in die nächste Klinik gefahren. Dort wird er an sämtliche Geräte angeschlossen, die seine lebenswichtigen Organe erhalten, und rund um die Uhr von zwei Vollzugsbeamten bewacht, auch wenn für die nächsten Wochen de facto keine Fluchtgefahr besteht – dafür ist der Flurschaden viel zu erheblich.

Das Schambein, *os pubis*, mehrfach gebrochen. Die Schwellkörper des Penis, *corpora cavernosa*, übel zerquetscht. Die Harnröhre, *urethra*, an mehreren Stellen gequetscht. Die Wand der Harnblase, *vesica urinaria*, eingerissen. Dazu kommen die Verletzungen durch die Langhantel. Das Brustbein, *sternum*, mehrfach gebrochen. Fünf Rippen, *costae*, gebrochen, wobei eine den linken Lungenflügel, *pulmo sinister*, durchdrungen hat – Pneumothorax.

Die größte akute Gefahr geht allerdings von einer Herzbeuteltamponade aus. Die Flüssigkeit, die sich durch die Wucht des Aufpralls im Herzbeutel sammelt, behindert das Ausdehnen des Herzens zur Aufnahme des frisch oxygenierten Bluts bei jedem Schlag. Dadurch verringert sich zum einen das Schlagvolumen, zum anderen wird der Herzmuskel nur noch ungenügend mit Sauerstoff versorgt, was, auf einen Nenner gebracht, lebensbedrohlich sein kann.

Doch Udo Weigold ist widerstandsfähig genug, um das

zu überstehen. Die physische Fitness, die er sich über Jahre antrainiert hat, zahlt sich nun aus. Andere Baustellen brauchen erheblich länger. Dreimal wird er in die Uni-Klinik nach Dortmund verlegt, in der Urologen an einem neuen Ausgang für seine Harnröhre basteln und alles Mögliche dafür tun, wenigstens die Inkontinenz zu verhindern. Auch dort sitzen zwei Beamte ununterbrochen in seinem Einzelzimmer oder neben seinem Bett. Dazwischen wird Weigold in einem Gefangenentransporter zur Nachbehandlung ins Justizkrankenhaus nach Fröndenberg gebracht. Ein lückenlos bewachter Patient, der ohne fremde Hilfe noch gar nicht fähig wäre zu flüchten.

Unterdessen tummeln sich in der JVA Kriminalpolizisten, nachdem die Anstaltsleitung Strafanzeige erstattet hat. Sie versiegeln für einige Tage den Kraftraum, um alle erdenklichen Spuren zu sichern, und verhören alle, die etwas gesehen haben könnten, Gefangene ebenso wie Bedienstete. Wochenlang herrscht Ausnahmezustand, die Atmosphäre ist spürbar angespannt.

Aber Spuren gibt es einfach zu viele, als dass man sie eindeutig zuordnen könnte, und von den Beamten war zur Tatzeit keiner in der Nähe. Sie kommen in der Regel nur, um den Raum zum Ende der Übungszeit wieder abzuschließen. Die anderen Gefangenen haben sowieso nichts gesehen und nichts gehört, waren gerade zu beschäftigt oder abgelenkt oder gar nicht dabei, waren kurz vorher rausgegangen und so weiter. Ein oder zwei geben auch an, bei uns in der Sprechstunde gewesen zu sein. Womit sich eine Faustregel bestätigt, die in jedem Knast gilt: Je härter das Delikt, desto eiserner das Schweigen.

Viele können sowieso nicht dabei gewesen sein, wie ein Gefangener den Kripo-Leuten steckt: Wenn Weigold trainierte, durften nur ausgewählte Kumpels in den Kraftsportraum. Anderen hat man vor der Tür gesagt: »Heute leider geschlossene Gesellschaft, komm besser ein anderes Mal.« Diesen Hinweis hat jeder verstanden.

Als die Ermittler die Aufzeichnungen der Videokamera an der Decke des Kraftraums sichten, können sie zunächst zwar Weigold und ein paar weitere, Eisen pumpende Männer von oben sehen. Irgendwann aber blicken sie auf das Ende eines Besenstiels und auf einen Putzlappen, der offenbar auf das Auge der Kamera gedrückt wird. Von da ab ist alles dunkelgrau.

Einfach zu schade.

Die Ermittlungen sind längst ergebnislos abgeschlossen, als Wolfgang Hermes alias Wolle in die Sprechstunde kommt: Einer dieser routinierten Insassen, die viel mitbekommen und wenig darüber reden. Die wissen, wann man besser in seine Zelle geht. Gar nicht erst was mitzubekommen ist im Zweifel ja das Beste. Wolle durfte auch im Gym sein, wenn Udo da war, so heißt es. Als Stammgast, der zwischen Bochum und Essen manchen Betrug eingefädelt hat, genießt der hochgewachsene, graumelierte Mann Anfang fünfzig eine gewisse Anerkennung in Werl. Heute, wo er eine Bescheinigung braucht, um an eine neue Brille zu kommen, ist er fast schon gesprächig. Also versuche ich das auszunutzen.

»Heftige Sache das mit Weigold«, beginne ich. Der sei übrigens gerade in Fröndenberg, um sich von der ersten OP zu erholen. Habe ja ganz schön eins draufgekriegt. Daraufhin nickt Wolle zunächst nur, so wie meistens, und fährt sich mit der Hand bedächtig über den graumelierten Bart. Dann entschließt er sich, das doch zu kommentieren.

»Ja, heftig, Doc, ganz heftig. Aber manchmal kommt es eben an einen Punkt, wo kein Sprechen mehr ist. Da passiert das einfach. Glauben Sie mir: Es hat den Richtigen getroffen, diesen Drecksack. Und auch noch genau an der richtigen Stelle.«

Das macht mich neugierig. Wofür die Quittung denn ausgestellt worden und ob er selbst mit dabei gewesen sei?

Aber Wolle hebt nur kurz die Hand, als wolle er abwinken, und zeigt ein süffisantes Grinsen. Seit Jahr und Tag sein Markenzeichen. »Ach, wissen Sie. Ich höre viel, ich sehe manches. Lassen wir es einfach dabei.«

Udo Weigold, 1963 in Herne-Sodingen geboren, übt sich offenbar früh darin, anderen seinen Willen aufzuzwingen. Gerade siebzehn, erhält er wegen Raubes mit gefährlicher Körperverletzung eine kürzere Jugendstrafe. Mit zwanzig wird er bei einem bewaffneten Raubüberfall in einem Getränkemarkt nahe Castrop-Rauxel erwischt. Die Bewährung für seine Strafe ist kaum um, als er versucht, eine Freundin zur Arbeit für einen Escortservice zu nötigen, den er mit einem älteren Kumpan aufziehen will.

So richtig einkassiert wird er aber erst im Sommer 1986, als er eine zwölf Jahre ältere Frau an einem Autokino im Essener Norden vergewaltigt; das Opfer kommt gerade noch mit dem Leben davon. Es folgen acht Jahre Haft und anschließende Sicherungsverwahrung (SV) über weitere zehn Jahre. Das ist zu der Zeit das Standardurteil für Sexualstraftäter von diesem Kaliber.

Soweit die Urteile. Außerdem finde ich in den Unterlagen den Aktenvermerk eines psychologischen Gutachters, der mit Weigold über die Vergewaltigung reden wollte. Ein ziemlich kurzer, frustrierender Versuch. Mit seiner athletischen Figur und den langen, hellblonden Haaren dürfte W. wenig Probleme haben, Frauenbekanntschaften zu schließen, heißt es an einer Stelle. Das habe jener selbst mit spürbarem Stolz betont. Einige Details des Sexualdelikts ließen jedoch darauf schließen, »dass W. sich auch beziehungsweise insbesondere auf solche weiblichen Personen fokussiert, die ihm zunächst kaum Beachtung schenken«. Eine narzisstische Kränkung, wie der Psychologe vermutet, die sich in neun von zehn Fällen nicht weiter auswirke. In jedem zehnten Fall aber könne sie der Trigger sein. Dann werde daraus unter Umständen eine psychopathische Angelegenheit.

Schließlich spreche ich noch mit unserer Sozialpädagogin, Eva-Maria, die sich mit Weigolds Biographie beschäftigt hat. Das geschieht eher beiläufig, als sie mir kurz nach der Lektüre der Akten über den Weg läuft und zehn Minuten übrig hat – eine Geschichte wie aus dem Bilderbuch für Soziologen und Kriminalwissenschaftler.

Aufgewachsen in ungeordneten Verhältnissen, wird Udo von seinem zwölften Lebensjahr an in Jugend- und Erziehungsheimen untergebracht, zwischen Herne und Dorsten. Während dieser Zeit wird er von einem sogenannten Erzieher häufiger missbraucht. Das sind Übergriffe, wie sie etwa vierzig Prozent aller Sexualstraftäter erlitten haben, wie Eva-Maria betont. Sie sind der Beginn eines fatalen Kreislaufs. Wer so viel einstecken musste, wolle oft, so schnell er kann, die Seite wechseln, vom Opfer zum Täter.

Fuck all of you.

Das kann kein Freibrief für Udos spätere Ausraster und Verbrechen gewesen sein. Zumindest aber ist es eine Spur, die sich zurückverfolgen lässt – auch wenn ich das fürs Erste gar nicht brauche. Udo kommt innerhalb der nächsten drei Jahre nicht einmal in die Sprechstunde, um Schmerztabletten oder sonst was zu fordern. Es geht ihm also entweder gut genug oder er macht um mich einfach einen Bogen oder besorgt sich über andere Gefangene, was er an Medikamenten braucht.

Bis der nächste, größere Eklat in der Anstalt die Runde macht.

Zwei ältere Insassen auf »seiner« Etage haben eine Info durchgestochen: Udo biete derzeit einen Videofilm vom Missbrauch eines minderjährigen Mädchens an, zur einmaligen Ansicht auf seinem Handy oder auch zum Kauf. Das Mädchen sei gerade elf, wie er behaupte. Das wisse er so genau, weil es sich um die Tochter seiner Freundin handle, die aus einer früheren Verbindung stamme. Er habe den Film bei seiner Freundin in Auftrag gegeben und dafür eigens eine Art Drehbuch verfasst.

Ein Mobiltelefon darf offiziell kein Insasse haben, weder im Knast noch in der SV. De facto verhält es sich damit jedoch ähnlich wie mit Drogen, Waffen oder größeren Mengen Bargeld: Manche haben es doch. Gerade in der SV, in der Sexualstraftäter meist nach Verbüßung der Haftstrafe landen, findet einer genug Pädophile, die an solchen Filmen interessiert sind. Das hat Weigold, seit er dort gelandet ist, längst geschnallt. Dafür braucht er kein Abitur und kein Studium.

Die zwei Insassen, selbst keine Unschuldslämmer, stehen jedoch nicht auf elfjährige Mädchen. Ihr Abscheu vor dem Angebot aus der Mediathek Weigold ist irgendwann größer als ihre Sorge, dass ihr Hinweis an einen Beamten vielleicht nicht anonym bleibt. Dass er gegen alle, die ihm in die Quere kommen, so konsequent wie brutal vorgeht, hat der jähzornige Typ ja mehr als einmal unter Beweis gestellt. Der Anschlag im Kraftraum hat ihn nicht zahmer werden lassen – ganz im Gegenteil.

Also melden sie das, und so kommen die Dinge ins Rollen. Wieder gibt es zunächst eine interne Untersuchung, wieder stellt die Leitung der Anstalt daraufhin Strafanzeige. Und wieder schneit die Kripo ins Haus, Dezernat Sitte. Nicht zu reden von der Staatsanwaltschaft, die ebenfalls aktiv wird. Das ganze, ungemütliche Programm, wenn einer wieder Scheiße gebaut hat: Einer, der wie Udo irgendwann wieder rauswill, braucht das so dringend wie Zahnschmerzen.

Es dauert knapp drei Monate, bis Mediziner zwischen Dortmund und Fröndenberg den Gefangenen halbwegs zusammengeflickt haben. Die Betonung liegt allerdings auf halbwegs.

Nach allen Eingriffen muss Weigold von nun an über einen seitlichen Ausgang an der Wurzel seines Penis Wasser lassen. Muss sich schön langsam auf die Toilette setzen und das Ding herauskramen, um sich dann zu erleichtern. So etwas wie eine Erektion aber kann er nie wieder bekommen. Das lassen seine Schwellkörper beziehungsweise das, was von ihnen übriggeblieben ist, einfach nicht mehr zu.

Ein Alphatier, das keinen mehr hochkriegen kann und pinkelt wie eine Pussy. In seiner Welt so etwas wie die Höchststrafe. Aber diesen Preis muss er zahlen. Das macht ihn nicht gerade friedfertiger, und natürlich ist da der Gedanke an Rache.

Aber Rache an wem?

Vielleicht ließe sich das herausfinden, wenn Udo nach Werl zurückverlegt würde: Die ganze Etage aufmischen, bis einer singt. Vielleicht wartet da aber auch einer auf ihn, der ihn jetzt, wo er angeschlagen ist, ganz fertigmachen möchte. Gnadenlos zu sein ist ja nicht sein persönliches Privileg. Am Ende entscheidet ohnehin nicht er, sondern eine Anzahl von Leuten im Justizvollzug, die er nie zu Gesicht bekommt. Die sehen voraus, wo Stress entstehen könnte, und entscheiden entsprechend. Deshalb wird Weigold von Fröndenberg nicht zurück nach Werl gebracht, sondern verlegt. In der JVA Aachen muss er aus seiner Sicht wieder von vorn anfangen: sich Respekt verschaffen, ein neues Netz aufbauen. Zeigen, wo der Hammer hängt. Das wird nicht einfach, wenn die dicken Arme dünner geworden sind.

Außerdem wollen die maßgeblichen Leute im Vollzugsapparat gar nicht, dass sich einer wie er wieder das gleiche Regime aufbaut. Sie schicken Udo lieber mal hierhin und mal dorthin, immer nur für ein oder zwei Jahre, damit er sich nicht wieder in gewohnter Weise einrichten kann. Und richtig: Bevor Udo dazu kommt, es sich in Aachen gemütlich zu machen, wird er ein zweites Mal umgetopft. Diesmal geht es nach Hessen. So eine Maßnahme über Ländergrenzen hinweg ist selten. Das hat nicht zuletzt mit Entscheidungshoheit, mit unterschiedlichen Strukturen, Gesetzen und dergleichen zu tun. Ab und zu aber, in speziellen Fällen, gönnt man sich den Spaß. Udo ist speziell, das hat sich inzwischen herumgesprochen.

Es kommt auch keine Postkarte von ihm, weder gleich noch irgendwann später. Udos Sehnsucht nach der JVA Werl hält sich in Grenzen.

Die Geschichte des abartigen Videos, das kurzfristig in der Anstalt kursierte, ist vor allem die Geschichte von Udo und

Manuela. So heißt die Freundin, die sich vor dem Bochumer Landgericht ebenso verantworten muss wie der Gefangene. Sie hat schließlich ausgeführt, was er ihr bei den Besuchen im Knast aufgetragen hat. Mit einer so devoten Folgsamkeit, die alle beim Prozess Anwesenden bestürzt. Viele sind es allerdings nicht: Wegen der zu erwartenden Details bleibt die Öffentlichkeit von der Verhandlung weitgehend ausgeschlossen.

Vertreter der Medien sind dagegen zugelassen, in begrenzter Zahl. Sie dürfen mit anhören, wie Manuela diese Geschichte erzählt, von vorn bis hinten – so ausführlich, als sei dieser Prozess für sie der Auftakt zu einer längeren Therapie.

»Steig auf!«, habe Udo gesagt, als er sie vor zig Jahren an einer Eisdiele in Herne ansteuerte, auf einer 500er Yamaha, die er »ausgeliehen« haben will. Die klare Ansage habe ihr imponiert. Darum sei sie tatsächlich aufgestiegen. So landen sie zusammen auf der Cranger Kirmes und zwei Tage später erstmals im Bett. Damit ist das Grundmuster vorgegeben. Er will ihr zeigen, dass er weiß, was er will. Sie will ihm zeigen, dass er mit ihr rechnen kann – und sie keine eingebildete Tusse ist.

Anfangs ist das ein prickelndes Spiel. Hey, ich hol dich ab. Komm, zieh dich aus. Ey, ich brauch das. Mit der Zeit aber ist sie vom Druck seiner Anweisungen immer häufiger genervt. Doch immer dann, wenn sie sich von ihm lösen will, ist er besonders charmant. Oder bedroht sie. Mal das eine, mal das andere. So sei das über Jahre hinweg gegangen, erzählt Manuela, hop on, hop off. Weil ihr die Konsequenz gefehlt habe, irgendwann einen Schlussstrich zu ziehen.

Selbst nachdem sie eine andere feste Beziehung eingegangen ist und schwanger wird, kommt Manuela nicht ganz von Udo los. Es gelingt ihr nicht mal, als er seine lange Haftstrafe antritt. Stattdessen wird sie, längst alleinerziehend, im Besucherraum der JVA zum Stammgast. Dort hört sie, dass sie alles für ihn sei, sein einziger Halt. Nebenbei erhält sie immer neue Aufgaben, um ihm ihre Loyalität und Liebe zu beweisen.

Es beginnt mit dem Handy, das sie in ihrer Vagina in den Besucherraum schmuggelt. Das kann Udo einschalten, sobald keiner der Beamten in der Nähe ist, um sie weiter zu kontrollieren und hörig zu halten. Und es gipfelt in seiner Idee für ein Video, das ihre Tochter mit ein paar geilen Böcken zeigen soll, voll in Action. So etwas lasse sich im Knast für gutes Geld verkaufen, betont Udo, und das hätten sie doch beide nötig – für ihre gemeinsame Zeit danach.

Nüchtern betrachtet stimmt das sogar. In jedem Knast der Republik werden besondere Pornos zielgruppengerecht zu Höchstpreisen gehandelt. Nicht die harmlosen Hefte oder Filmchen, in denen der Monteur auf der Hausfrau landet; die nimmt dir kein Beamter weg. Sondern die ganz harten Sachen, die auf dem Index stehen. Dafür sind unter der Hand schon mal fünfhundert Schleifen fällig. Eventuell auch mehr, wenn es nur abgedreht genug ist und die besonderen Vorlieben der Zielgruppe trifft.

Will Udo in erster Linie Reibach machen? Oder geht es ihm eher darum, zu sehen, wozu er Manuela bringen, wie weit er sie fernsteuern kann? Ganz eindeutig wird das im Prozess nicht geklärt. Am Ende erhält er jedenfalls acht weitere Jahre Haft und noch mal die anschließende SV; sechs Jahre Haft bekommt Manuela, davon die Hälfte zur Bewährung ausgesetzt.

Damit hat er sich endgültig abgeschossen, auf lange Zeit.

Und sie hat nun endlich ihre Lektion verstanden. Sucht nie wieder den Kontakt, reagiert nicht mehr auf seine Briefe.

Arglose Menschen, die vom Prozess durch die Medien erfahren, sind schockiert. Sie möchten sich das Gefängnis als einen Ort vorstellen, an dem die Verbrecher richtig stillgelegt werden. Viele Gefangene fügen sich auch in diese Rolle. Andere dagegen bleiben auch in Haft weiter kriminell, laufen hier erst mal richtig zu großer Form auf. So einer ist Udo: Aus der Zelle heraus die Regie zu führen für einen Pornofilm, um ihn hier unter der Hand zu verkaufen. Der Ort der Resozialisierung als Point of Sale.

Für andere Insassen ist das eher nichts Besonderes. Aber auch die haben ein Gespür dafür, wenn einer übertreibt. Wenn er alles exklusiv für sich haben will: die Kontrolle, den Respekt, das Geld. Du kannst eine ganze Zeit lang eine ganze Menge Leute triezen, wenn du es richtig anstellst. Aber du kannst nicht ewig alle triezen. Auch das ist eine Art Naturgesetz im Knast.

Denn irgendwann hast du zu viele gegen dich aufgebracht, dann ist der Bogen überspannt. Der eine ist sauer, weil du über den Kraftraum verfügst, als wäre er dein Wohnzimmer. Der andere hat eine Wut, weil er ständig von dir bedroht worden ist. Und wieder ein anderer findet es zum Kotzen, dass du hier, inmitten überführter Sexualstraftäter, mit Videos von Minderjährigen eine schnelle Mark machen willst. Such es dir aus.

Und früher oder später stecken sie hinter deinem Rücken die Köpfe zusammen. Hecken was richtig Hübsches aus, um dir einen Denkzettel zu verpassen. Das kann sich über Wochen, ja Monate hinziehen. Bis der richtige Moment gekommen ist. Dann wird das umgesetzt.

Eine zwanzig Kilo schwere Kurzhantel beim Eisenpumpen von oben auf dich runtergekloppt. Dahin, wo es dich am Härtesten trifft.

Die Quittung. Einfach mal so.

Udos Spur verliert sich schnell, als er nach Nordhessen verlegt wird. Die seiner Attentäter wird von der Kripo längst nicht weiterverfolgt. Am Ende ist es also wie in diesen britischen Krimikomödien: Viele aus dem Umfeld könnten es gewesen sein, jeder hätte ein Motiv. Nur dass hier keiner mehr länger ermittelt.

Vielleicht hätte ich Wolle noch mehr löchern sollen. Der alte Fuchs hat sich mir gegenüber mit seinen Andeutungen als Eingeweihter zu erkennen gegeben: Hat den Richtigen erwischt, an der richtigen Stelle. Aber Wolle macht nie mehr als Andeutungen; was er nicht aussprechen möchte, kriegt keiner aus ihm heraus. Und etliche Jahre später hat er seine Zeit in Werl abgesessen. Verschwindet auf Nimmerwiedersehen.

Nimmerwiedersehen?

»Hey, Doc«, ruft da wer, als ich spätabends durch die Bochumer City laufe, mindestens sechs Jahre später. Und dann: »Kennst wohl auch keinen mehr.«

Ein netter Abend mit alten Kollegen vom Schauspielhaus ist gerade zu Ende gegangen. Ich will rasch durch den Nieselregen ins Parkhaus zu meinem Auto. Da textet mich diese Type von der Seite an. Dass es Wolfgang Hermes ist, um Jahre gealtert, habe ich nicht sofort erkannt. Aber die Stimme kommt mir bekannt vor, und dann steht er auch schon neben mir, grinst mir ins Gesicht.

Graue Bartstoppeln. Pflaster auf der Stirn. Zwei Kapuzen übereinander, von einer alten Jacke und dem Hoody darunter. Was einer so trägt, der die meisten Nächte im Freien verbringt.

»Moment mal: Wolle?«

»Klar, Wolle, wer sonst. Schickes Appartement in Werl, so zwanzig Jahre lang, wenn sich Herr Doktor vielleicht mal erinnert.«

Es ist nicht der Moment, in dem sich zwei beste Freunde unerwartet nach ewig langer Pause sehen. Aber einfach weitergehen ist auch keine Option mehr. Zumal ich Wolle gemocht habe; wir hatten nie Schwierigkeiten miteinander. Also brauchen wir jetzt ein kleines Ritual, bevor jeder seiner Wege geht.

»Da vorne ist 'ne Bude, die hat auf«, sagt Wolle. »Könnten wir noch hingehen. Oder biste dir plötzlich zu fein?«

Ich war mir nie zu fein. Außerdem ist das vielleicht eine Gelegenheit, fällt mir ein, nach der Geschichte von Udo dem Großen und dem fehlenden Stück darin zu fragen. Ein kleiner Deal unter Knastologen: Ich kaufe am Kiosk eine Packung Marlboro und ein Sixpack Bier, und er erzählt mir was. Vielleicht sogar die Wahrheit.

»Okay«, sagt Wolle. »Deal.«

Die Zeit nach Werl hat er nicht nutzen können, um sich noch mal was aufzubauen. Das gilt leider für viele entlassene Knackis, die mit sechzig und älter ausgespuckt werden. Etwas mehr als ein Jahr habe er noch tageweise in der »Schüttelbude« gearbeitet, wie er die Peepshows nennt, als Putze und Aufpasser. Dann sei der Markt eingebrochen. »Heute sitzen die nur noch am Computer«, sagt er. »Eine Hand an der Maus und die andere am Stift.«

Eine knappe Stunde später hat er fünf Flaschen plus etliche Kippen vernichtet. Und in der Mitte von ganz vielen Geschichten zwei, drei entscheidende Fragen gestellt. Als Vorlage, wie er betont, damit ich mir die Lösung in Sachen Udo selbst zusammensetzen kann.

»Was passiert denn wohl mit einem, der Pornos mit kleinen Mädchen rumgehen lässt? Die Kinderficker jubeln, die hat er damit in der Hand. Aber andere, die gerade in 'ner Therapie sind, um nicht mehr über alle herzufallen, die finden das nicht so witzig.«

»Und warum waren die anderen plötzlich weg, als der liebe Udo da schwer am Pumpen war? Die ganzen Idioten, die dem das Handtuch gehalten haben?«

»Jetzt überleg mal, Doc! Wer durfte überhaupt mit rein, wenn der im Kraftraum war? Wen hat man da außer seinen Leuten schon gesehen?«

Ganz eindeutig kriege ich das immer noch nicht zusammen. Doch eines ist klar: Für ihn, Wolfgang Hermes, spricht viel. Und dass da auf einmal keiner mehr im Kraftraum war: Solche Details können auch nur Insider wissen. Oder Augenzeugen. Oder Täter.

»Ich hatte dich mal in Verdacht«, sage ich schließlich. »Aber dann kam mir die Nummer mit der Hantel zu brutal vor. Ist ja eher nicht dein Stil.«

»Muss man ja nicht alles selber machen, oder? Gibt nirgendwo mehr Spezialisten als im Knast. Vielleicht habe ich dir ja auch bloß 'ne Story erzählt, um an ein paar Bier zu kommen. Ich weiß doch, wie sehr du gute Geschichten magst. Hat ja auch wunderbar funktioniert.«

Die leeren Flaschen unter dem Arm schlurft Wolle davon. Ich möchte jetzt nur noch nach Hause. Was für ein Luxus, ins eigene Bett zu fallen, denke ich auf dem Weg ins Parkhaus.

Aus dem Nieselregen ist ein Dauerregen geworden, und ich habe keine Münzen mehr.

Struth geht nicht

Auf dem kleinen Tisch liegt kein Deckchen, im Regal steht ein einziges Buch. Nirgends ein Fernseher. Und an den weißen Wänden hängt absolut nichts. Keine Fotos von der Familie oder von Freunden; keine Postkarten oder irgendwelche Bilder, gerahmt oder gepinnt. Nicht mal die übliche Nackte aus dem Pornomagazin.

Maximale Kargheit in der Vollzugsanstalt ist gewöhnlich ein Hinweis, dass da einer noch nicht angekommen ist. Nicht in der neuen Realität, nicht in diesem beengten Raum. Ganze sieben Quadratmeter, auf die du nun zurückgeworfen bist; so plötzlich, dass du es noch gar nicht richtig fassen kannst. Auch für hartgesottene Straftäter ist das oft ein Schock.

In dieser Einzelzelle aber lebt keiner, der erst seit drei oder vier Wochen sitzt. Ganz im Gegenteil. Hans-Dieter Struth ist schon fast zwanzig Jahre hier. Das weiß ich von dem Anstaltsleiter, der mich an diesem Montag gebeten hat, mal nach dem Mann zu schauen. Muss ihm ein echtes Anliegen gewesen sein, wenn ich die Komplimente richtig zu deuten weiß.

Sie haben doch so eine Ader, mit den Leuten in Kontakt zu kommen. Sie können sich doch auf jeden einstellen. Vielleicht redet der ja mit Ihnen. Und dann: Der könnte auch schon rauskommen, mit einem Gnadengesuch, will aber einfach nichts unterschreiben.

Mal nach dem Mann schauen, früher haben Gefängnisärzte es abgelehnt, ihre Patienten auf der Zelle zu besuchen. Bringt den her, pflegten sie zu sagen, und wenn es auf der Trage ist. Lieber auf dem Terrain bleiben, auf dem man Halbgott ist. Ich bin gern in der Anstalt unterwegs, nehme dafür das nervige Rasseln von Schlüsselbunden durch die begleitenden Beamten klaglos in Kauf.

Aber jetzt gilt es auszuprobieren, ob das funktioniert. Der junge Arzt, der seine Stelle vor knapp zwei Jahren angetreten hat, und der altgediente Knacki, Anfang fünfzig, der nicht mal zum Duschen seine Zelle auf C2 verlässt. Kein Hofgang, kein Umschluss, keine sozialen Aktivitäten. Von Aggressivität jedoch keine Spur. Nicht ein Mal in all den Jahren, und auch nicht jetzt, als die Zellentür geöffnet wird.

»Ah ja, der junge Arzt. Habe schon einiges über Sie gehört. Sollen sich ja ganz kompetent anstellen …« Ein sensibles Gesicht, ziemlich bleich im Teint, mit tiefliegenden, etwas nervösen Augen – ständig in Bewegung, um alle und alles zu scannen. Und ein wacher Geist, der nach jedem Satz überlegt, was damit beabsichtigt sein könnte. Folge der langen Haft vielleicht, die ihn zu dem hageren, misstrauischen Mann gemacht hat, der er heute ist.

Trotzdem entscheide ich mich dafür, das Geplänkel abzukürzen. Gleich zu zeigen, dass ich ein konkretes Anliegen habe. »Danke für die Blumen. Aber ich bin auch hier, weil ich mich wundere, so wie einige andere. Wenn ich das richtig verstehe, müssten Sie nur ein Gnadengesuch unterschreiben, um bald rauszukommen. Das ist sogar schon vorbereitet.«

Da lächelt mein Gegenüber wissend wie ein Schachspieler,

der den Zug bereits vorausgesehen hat, und schweigt erst mal. Lässt mich kommen.

»Eine Unterschrift, Herr Struth, und Sie sind in Freiheit. Einfacher geht's doch wirklich nicht. Wo ist denn das Problem?«

»Freiheit«, wiederholt Struth und mustert mich leicht amüsiert, bevor er endlich weiterspricht. »Wissen Sie was: Ich hab nichts unterschrieben, um hierherzukommen, und nun werde ich auch nichts unterschreiben, um von hier wegzukommen.«

Kurz danach ist die kleine Konversation im Wesentlichen vorbei. Ich spüre es an der Art, wie Herr Struth sich meinem Blick entzieht und auf den Boden sieht. Dorthin, wo ein ganzer Haufen Wäscheklammern und Verschlüsse in einem größeren Karton liegen. Offenbar das Material für seine Zellenarbeit: einfache Montagetätigkeiten, die von der Zelle aus in Eigenregie leicht zu verrichten sind, so wie früher auf den Zellen Tüten geklebt worden sind.

Da signalisiert einer, dass er noch zu arbeiten hat, um sein Tagespensum zu erfüllen. Und mir bleibt nur, ein Angebot zu unterbreiten: Wenn er mal irgendwas brauche, um sich zu kurieren, oder einen Gesundheitscheck machen wolle, könne er sich an mich wenden. Jederzeit. Ebenso, falls er sich das mit dem Gnadengesuch eventuell doch noch überlegen möchte.

Daraufhin erhebt sich Herr Struth, reicht mir förmlich die Hand und lächelt erneut. Die gute, alte Schule. »Ich danke Ihnen. Aber derzeit geht es mir gut, ich bin zufrieden. Wenn das mal anders sein sollte, melde ich mich.«

Die Gesundheitsakte von Hans-Dieter Struth ist ein schmales Werk ohne Aussagekraft. Ich lasse sie mir einen oder zwei

Tage nach unserem Gespräch bringen, um mehr zu erfahren von dem Mann, der in der JVA als Eigenbrötler gilt. Das ist kein negatives Stigma, denn solche verhalten sich in der Anstalt in aller Regel pflegeleicht. Keine Randale, keine Beschwerden, kein Aufsehen.

Der Inhalt der Akte macht mich jedenfalls auch nicht viel klüger. Der letzte Arzttermin ist zwölf Jahre her, das war eine Zahnbehandlung. Danach hat Struth offenbar nie wieder einen Doc aufgesucht oder ein Medikament erhalten. Unsere Sprechstunde ist nur ein Angebot; kein Gefangener wird dazu gezwungen, dort zu erscheinen.

Einmal habe ihm ein Zahn geschmerzt, erzählt einer von den alten Bediensteten auf C2. Das habe er dann aber selbst erledigt; mit einer Zange, wie er sie für die Zellenarbeit braucht. Ansonsten sei es immer das gleiche Protokoll, jeden verdammten Tag des Jahres.

Struth nimmt das Frühstück entgegen und bedankt sich. Struth gibt das Tablett zurück und bedankt sich. Struth nimmt das Material für seine Zellenarbeit entgegen und bedankt sich. Struth nimmt das Mittagessen entgegen und bedankt sich. Struth gibt das Tablett zurück und bedankt sich. Struth nimmt das Abendbrot entgegen und bedankt sich. Struth gibt die Kartons mit den fertig montierten Wäscheklammern zurück und bedankt sich für das neue Material.

Niemand besucht Struth in der JVA, und er selbst macht keinen Umschluss mit anderen Gefangenen, bleibt lieber allein. Er erhält keine Briefe und gibt auch selbst keine auf. Stellt keine Anträge auf Hafterleichterung oder alltägliche Vergünstigungen. Wenn ihn einer von den Abteilungsbeamten grüßt, nickt er freundlich. Und die Zellenarbeit erledigt er offenbar mit großem Fleiß. Er muss bis in den Abend hinein daran sitzen, denn sein Ausstoß ist enorm. Meistens liefert er das Doppelte bis Dreifache des erwarteten Pensums ab.

Aber warum sitzt der Mann überhaupt ein, was hat er verbrochen? Jetzt ziehe ich die Personalakte heran, die noch aus Zuchthauszeiten stammt; irgendwer hat mit Bleistift »mieser Frauen- und Polizistenmörder« auf den Deckel geschrieben. Eine inoffizielle Notiz, die sich schnell entfernen lässt. Und dann erfahre ich aus dem Urteil von einer blutigen Gewalttat, die sich vor knapp zwanzig Jahren am Niederrhein, nahe der niederländischen Grenze zugetragen hat.

Hans-Dieter Struth ist bis dahin nie auffällig geworden, wie man so sagt. Realschulabschluss, Ausbildung zum Großhandelskaufmann, fester Job. Im Juli 1970 aber entlädt sich für wenige Minuten ein grausamer Furor. In dieser kurzen Zeitspanne schlägt er mit einem Wagenheber aus seinem Auto auf seine Verlobte und einen Mann ein, den er als ihren Liebhaber verdächtigt. Nicht ein Mal oder zwei Mal, sondern so lange, bis sich in der Wohnung des Rivalen nichts mehr rührt, keiner mehr schreit. Beide Opfer sind bei der Autopsie kaum noch zu erkennen.

Dann ruft Struth die Polizei und wartet im Hausflur auf ihr Eintreffen. Alles Weitere lässt er ohne erkennbare Regung über sich ergehen, vom Verhör über den Prozess bis zur Urteilsverkündung. Was mit dazu beigetragen haben dürfte, dass er für den vorsätzlichen, brutalen Doppelmord eine lebenslange Freiheitsstrafe erhält, die er in Werl so gewissenhaft wie einen persönlichen Auftrag verbüßt. Angebote der Psychologen zur Aufarbeitung der Tat werden später ebenso höflich wie kommentarlos abgelehnt. Struth geht nirgendshin, um etwas zu bereden. Struth sitzt. Und verrichtet die

Montagearbeit, die man ihm in die Zelle bringt, von Montagfrüh bis Freitagabend.

Es gebe wohl einen Sohn aus der kurzen Verbindung mit der getöteten Frau, erzählt mir Hans Ludwig, unser katholischer Priester, der bald nach der Einlieferung einmal mit ihm gesprochen hat. Der sei aber nie in Werl aufgetaucht. So bekomme Struth hier im Wesentlichen nur die Beamten zu sehen, die ihm Essen und Arbeit bringen. Und von den anderen Gefangenen sieht er nur den Mitarbeiter in der Bibliothek, in der er sich immer mal wieder ein Buch ausleiht. Historische Schinken und Bücher über höhere Mathematik.

»Ist das der einzige Zeitvertreib, der ihn neben der Arbeit interessiert?«, will ich von Hochwürden Ludwig wissen.

»Soweit ich weiß, ja. Aber es ist auch schon eine Ewigkeit her, dass ich ihn gesehen habe. Der geht ja nicht zur Messe. Und wenn ich ihn besuchen will, lehnt er dankend ab.«

Und doch gibt es da noch etwas. Ich entdecke es ein Jahr später, als ich Herrn Struth das nächste Mal in seiner Zelle besuche. Um den dünnen Faden, wenn es ihn überhaupt gibt, nicht ganz abreißen zu lassen. Auch wenn es nur ein Austausch von Floskeln und Höflichkeiten werden wird.

Neben dem fast leeren Regal in seiner Zelle liegt jetzt ein Stapel von Glücksspielzeitschriften, wie es sie an jeder Lotto- und Toto-Annahme gibt. Dünne Heftchen mit einer Glücksfee, einem Schornsteinfeger oder so etwas auf dem Titel. Und drinnen Tipps für Systemspieler sowie jede Menge Resultate von Ziehungen. Sie sind so akkurat aufeinandergeschichtet, als kämen sie gerade aus dem Druck.

»Lotto oder Toto?«, frage ich.

»Bloß eine Marotte«, kommt es abwinkend zurück. »Irgendwie muss man sein Taschengeld ja auf den Kopf hauen. Was soll ich denn sonst damit?«

Ansonsten kein neuer Stand zum Gnadengesuch, keine Erkrankung und kein Bedarf an ärztlicher Betreuung. Und schließlich wieder der etwas steife Händedruck, um den Besuch kurzzuhalten.

»Ich mache mich bemerkbar, wenn die Notwendigkeit dazu besteht.«

Immerhin weiß Thilo Albrecht etwas dazu. Der jüngere Uniformierte auf C2 arbeitet in zweiter Generation in der JVA, sein Vater hat es auf über vierzig Dienstjahre in Werl gebracht. Thilo spielt selber Lotto, und so hat sich das eingespielt, wie er mir steckt: Jeden Freitag hole er den ausgefüllten Tippschein von Struth ab, um ihn zusammen mit seinem abzugeben, draußen in der Stadt. Und jedes Mal gibt es dazu ein Dankeschön. Das gehe schon seit vielen Jahren so, ein eingespieltes Ritual. »Vielleicht geht der ja hier erst weg, wenn seine Zahlen gekommen sind«, sagt Thilo grinsend. »Weil er dann die Kohle zusammenhat, um draußen den Hermann zu machen. Was weiß ich ...«

Oder weil der Gewinn für ihn eine besondere Bedeutung hat, denke ich, als ich wieder in der medizinischen Abteilung angekommen bin. Ein enges Verhältnis zu Geld und Status scheint Struth jedenfalls nicht zu pflegen. Vielleicht hat das Ganze also eine andere, symbolische Bedeutung, die außer ihm selbst niemand kennt. Eine Art Ritual vielleicht, das er sich an langen Abenden auf der Zelle ausgedacht hat und seine Zeit taktet – von Ziehung zu Ziehung

Manchmal habe ich versucht, mir den Aufriss vorzustellen, wenn die Zahlen eines Tages tatsächlich kommen sollten: Ein Notar der Lottogesellschaft, der im Knast erscheint, um dem

Gefangenen auf C2 einen Verrechnungsscheck über eine siebenstellige Summe zu überbringen. Das große, späte Glück des stillen Asketen, der sich sonst nichts gönnt. Als müsse er jeden einzelnen Tag seines Lebens dafür sorgen, dass es ihm bloß nicht zu gut geht.

Eine Strafe, kein Vergnügen. Härter und konsequenter an sich selbst vollstreckt, als er das von außen zu erwarten hätte.

Jahre später schlagen die Betreuungsbeamten auf C2 Alarm. Struth habe stark abgenommen, heißt es; er sehe schlecht aus und vernachlässige sich. Irgendwas stimme da nicht, aber er weigere sich beharrlich, in meine Sprechstunde zu gehen oder sich ersatzweise von mir auf seiner Zelle untersuchen zu lassen.

Ich bin seit einer Umstellung der Geschäftsleitung nicht mehr zuständig für diesen Bereich der JVA. Aber als mich der Anstaltsleiter bittet, mal hinzugehen, komme ich dem selbstverständlich gerne nach. Es interessiert mich, was aus Struth geworden ist, und wer weiß: Vielleicht lässt er mich ja jetzt, in anscheinend brisanter Situation, ein wenig näher an sich heran. »Sie haben ihn doch immer wieder mal besucht. Vielleicht redet er jetzt mit Ihnen.«

Herr Struth begrüßt mich noch genauso höflich wie eh und je; es ist seine Art, andere auf Distanz zu halten. So ausgemergelt, kraftlos und unrasiert habe ich ihn allerdings noch nie angetroffen, und ich kann förmlich spüren, dass es ihm unangenehm ist, in der Verfassung von mir gesehen zu werden. Jedenfalls fragt er mich als Erstes, warum ich mich vorher nicht angekündigt habe, dann hätte er sich wenigstens auf den Hausbesuch vorbereiten können.

Außerdem ist plötzlich ein Geruch in der Zelle, den du als

praktizierender Mediziner irgendwann sofort erkennst. Der Geruch von bedrohlichem Siechtum, Organzerfall und Tod, der die ganze Zelle ausfüllt. Der weißgelbe Teint, die eingefallenen Augen, der deutlich aufgeblähte Bauch. Höchstwahrscheinlich hat sich der Krebs in Struths Darmtrakt an seine zerstörerische Arbeit gemacht. Das müsse dringend untersucht werden, gebe ich ihm zu verstehen, solange es vielleicht noch Heilungschancen gebe. Aber das ginge nur, wenn er damit einverstanden sei. Wenn schon nicht in einem Krankenhaus, dann wenigstens in unserer medizinischen Abteilung, wo ich die nötigsten Untersuchungen durchführen könnte – zum Beispiel Ultraschall und eine Laboruntersuchung.

Aber Herr Struth schweigt weiter, will lieber keinen Zug machen als einen falschen. Also bin ich noch mal dran.

»Wenn Sie mich nur machen lassen, können Sie's überleben, Herr Struth, überlegen Sie bitte noch mal. Ich möchte mir jedenfalls nicht nachsagen lassen, dass ich meine Patienten einfach so verrecken lasse.« Dafür ernte ich immerhin dieses gewisse Schachspielerlächeln. Es gehört einem Mann, der sich schon längst entschieden hat. Und zwar dagegen.

»Ich weiß das zu schätzen, Herr Bausch«, erwidert Struth endlich. »Aber ich glaube nicht, dass ich das möchte. Kann sein, dass ich abgenommen habe, nur geht es mir ansonsten recht gut. Und untersuchen lasse ich mich auf keinen Fall. Bitte respektieren Sie das.« Mit diesen Worten erhebt sich der Gefangene, um die Zeremonie des Abschieds einzuleiten.

Das geht nur mühsam, und ich nutze die Zeit, um mir rasch noch etwas anderes zu überlegen. Etwas, das mit Lottospielen zu tun hat und der Hoffnung, dass irgendwann die richtigen Zahlen fallen. Seine Zahlen. »Wollen Sie denn warten, bis Sie im Lotto gewonnen haben?«, frage ich halb im Scherz. »Dann sind Sie eventuell gar nicht mehr in der Lage, das zu genießen. Deshalb sollten wir uns jetzt darum kümmern, Ihr Leben zu verlängern.«

Herr Struth atmet schwer durch, während er mir förmlich die dürre Hand entgegenstreckt. Es ist die Grandezza eines Gezeichneten und das eindeutige Signal, dass die Sprechstunde nun vorüber ist.

Was kann man tun, wenn einer sich in der Haft nicht behandeln lassen will, obwohl alle Anzeichen auf eine lebensbedrohliche Erkrankung hindeuten? Diese Frage beschäftigt nun die Psychologen und Sozialarbeiter, die Geistlichen und den Anstaltsleiter, wenn sie sich über Hans-Dieter Struth austauschen – und nicht zuletzt mich. Fast jeden Tag besucht ihn jetzt einer von uns oben auf C2, um auf ihn einzuwirken. Doch keiner kommt richtig an ihn heran. Auch ich nicht, so sehr ich es mir wünsche.

Ob ich ihm wenigstens etwas Vernünftiges gegen die Schmerzen geben könne, frage ich ihn einmal – geschockt davon, wie gezeichnet er inzwischen ist.

Struth lehnt ab: »Schmerzen habe ich nicht, Doktor, deshalb brauche ich auch nichts. Haben Sie trotzdem vielen Dank.«

Es ist nicht schwer zu sehen, dass dies nicht stimmen kann. Wer in diesem Stadium ist, wird von starken Schmerzen gequält. Und so wie es in seiner Zelle riecht, und so wie Struth aussieht, haben sich die Metastasen schon überallhin ausgebreitet. Nur dass ich es nicht überprüfen kann: Die Gesetze geben mir keine Handhabe dafür. Der Mensch hat nicht nur einen Anspruch auf gesundheitliche Versorgung, er hat auch ein Recht auf Krankheit. Aus dem gleichen Grund dürften wir hier auch keinen vorsätzlich hungernden Gefangenen zwangsernähren. Nicht, bevor er bewusstlos geworden und dadurch eine Notfallsituation entstanden ist. Jeder freie Mensch hat das Recht, eine medizinische Behandlung bei klarem Verstand abzulehnen. Punkt. Und für Menschen im Strafvollzug gilt das Gleiche. Punkt. Wir können einem Insassen also nur helfen, wenn er das zulässt.

Aber Hans-Dieter Struth will nicht. Auf diese Weise behält er sich hier, auf engstem Raum, noch immer ein selbstbestimmtes Leben vor, so merkwürdig das klingt. Andere mögen über Beginn und Ort der Haft verfügt haben – über ihre tatsächliche Dauer entscheidet nur er. Und das Gleiche soll für die Dauer seines Lebens gelten. So erkläre ich mir jedenfalls, warum der Mann sich weder begnadigen noch behandeln lässt.

Ich entscheide, wie lange es geht. Nicht ihr.

Ein Teil der Bediensteten hat dafür allerdings wenig Verständnis. Was denn sei, wenn einer von ihnen demnächst morgens die Lebendkontrolle mache, fragen sie, und den Gefangenen tot auffinde? Könne man das einem der Jüngeren, wenig Erfahrenen unter ihnen überhaupt zumuten? Dann doch besser ab mit ihm nach Fröndenberg, ins nahgelegene Justizvollzugskrankenhaus, »für irgendwas muss es ja gut sein. Da kann er sein Leben aushauchen, aber bitte nicht hier.«

Dazu noch die Sprüche, die sich sämtliche Verantwortlichen auf den Gängen anhören müssen. Sie kommen von den anderen Gefangenen, die längst mitgekriegt haben, dass Struth offenbar auf der Kippe steht. Das Gesicht immer ausgemergelter, der Bauch völlig aufgedunsen: Das sieht in der Tat grausam aus.

Was macht ihr Idioten denn mit dem?

Ihr verdammten Arschlöcher, lasst den einfach so verrecken.

Für euch ist 'n Knacki wohl der letzte Dreck.

Irgendwas müsse hier bald entschieden werden, heißt es dann aus der Anstaltsleitung; schon um die Sache nicht weiter hochkochen zu lassen. Das aber kann nur Struth. Er ist der mächtigste Mann in dieser Situation, wenn man es genau nimmt, und lässt uns diese Macht spüren. Auch mir gegenüber verhält er sich so, als ich ihn das letzte Mal in seiner Zelle aufsuche.

»Was ist eigentlich mit Ihrem Sohn«, versuche ich es. »Wollen Sie sich von dem nicht noch verabschieden? Ihm erklären, warum Sie damals durchgedreht sind? Aufräumen in Ihrem Leben, solange es noch geht? Wenigstens dabei würde ich Ihnen gern helfen.«

Aber die Miene meines Gegenübers bleibt unbewegt. »Geben Sie sich keine Mühe«, sagt Herr Struth endlich. »Ich habe mich anders entschieden. Und ich weiß, was ich tue. Glauben Sie es mir. Aber vielen Dank, Sie sind ein guter Arzt.«

Keine Woche später trifft die Anstaltsleitung eine Entscheidung. Hans-Dieter Struth solle nun doch nach Fröndenberg verbracht werden, heißt es, auch gegen seinen Willen, damit er dort sterben könne. Der Gefangene sei inzwischen schon kaum mehr bei Bewusstsein, wie die Uniformierten melden; esse nichts mehr und trinke kaum mehr was. Man müsse nun fast stündlich mit seinem Ableben rechnen. Am besten werde er, wenn schon nicht sofort, dann gleich morgen in aller Frühe verlegt. Zum Sterben raus, wie man hier sagt.

Manche wünschen sich die Wiedereinführung der Todesstrafe – aber nur wenige halten es aus, beim Sterben zuzusehen.

Jetzt ist es meine Aufgabe, die Kollegen im Justizvollzugskrankenhaus zu informieren. Ich erledige das eher widerwillig, weil ich längst weiß, was nun aus der Richtung kommt: Könnt ihr nicht mal früher Bescheid geben? Und: Was sollen wir denn mit dem, wenn da eh nichts zu retten ist? Aber auch, weil ich es Struth gerne ermöglicht hätte, so zu sterben, wie er es sich wünscht – ob uns das nun gefällt oder nicht.

Am nächsten Morgen dann die Überraschung. Als die Abteilungsbeamten gemeinsam mit einem Krankenpfleger seine Zelle aufschließen, um ihn zum Transport vorzubereiten, ist Hans-Dieter Struth nicht mehr am Leben. Der Tod muss ihn in der Nacht, wenige Stunden zuvor, ereilt haben, das kann ich bei der ersten Untersuchung des Leichnams schnell feststellen.

Struth ist in den letzten Tagen immer weniger in der Lage gewesen, Körper und Geist bewusst zu steuern. So viel steht fest. Dennoch möchte ich gerne glauben, dass irgendwas in ihm den Zeitpunkt seines Abgangs gesteuert hat. Sodass er gehen konnte, kurz bevor andere über ihn verfügen. Die letzte, von ihm selbst beendete Partie.

Ich sage, wann.

Die anschließende Obduktion ist obligat. Wer im Knast stirbt, wird mit allen Mitteln kriminologischer Beweissicherung untersucht. Nur so kann man etwaigen Anschuldigungen zuvorkommen, irgendwer in der Anstalt habe da möglicherweise nachgeholfen. Es dauert allerdings noch mal eine knappe Woche, bis mir alle rechtsmedizinischen Befunde vorliegen, und die bestätigen meinen Verdacht. Struth hat in seinem Darmtrakt ein kolorektales Karzinom gezüchtet, das sich längst über andere Organe ausgebreitet hat. Einen Krebs, der ungehindert gestreut hat.

Der Befund trägt mir einen derben Rüffel durch den beauftragten Gerichtsmediziner ein. Er lässt in seinem Gutachten kein gutes Haar am nicht behandelnden Arzt. »Man darf sich gerade angesichts der Ausmaße des Karzinoms sowie des dadurch bedingten Zustands des Verstorbenen schon sehr wundern, welche sogenannten Mediziner in einer Haftanstalt auf die hier einsitzenden Menschen losgelassen werden«, heißt es in dem boshaften Fazit. Und: »Diesen Zustand zu übersehen und keine entsprechende Therapie einzuleiten, grenzt m. E. bereits an unterlassene Hilfeleistung, wenn nicht an Körperverletzung mit Todesfolge.«

Das ist zu viel, um es kommentarlos zu ertragen. Also rufe ich den Doktor der Forensik an, um ihn zur Rede zu stellen. Es wird ein längeres, in der Mitte etwas lautes Telefonat, in dessen Verlauf ich dem lieben Kollegen darlege, was wir in Werl alles veranstaltet haben, um Struth zur Einsicht zu bewegen. Wie oft ich bei ihm gewesen bin, und wie er bis zum Schluss alle Therapieangebote abgelehnt hat.

»Oder glauben Sie, wir würden ein so auffälliges Krankheitsbild hier tatsächlich übersehen?«, belle ich durch die Leitung. »Glauben Sie, ich wäre hier als Vollpfosten unterwegs?«

»Das habe ich allerdings nicht gewusst«, kommt es zurück. »Tut mir leid.«

»Dann fragen Sie nächstens doch vorher mal. Rufen Sie mich an, bevor Sie so eine Jauche verbreiten!«

Aber etwas beschäftigt mich auch danach weiter. Es hat mit den Durchschlägen der Tippscheine zu tun, die unter

Struths persönlichen Sachen gefunden wurden. Sachen, die nie abgeholt wurden in Werl. Weshalb ich mir erlaube, einen kleinen Stapel davon in mein Büro zu bringen, um mir das mal genauer anzusehen. Etliche Wochen später.

Eine einzige Reihe mit sechs akkuraten Kreuzen – das Mindeste, was man abgeben kann. Und immer die gleichen Zahlen, über Wochen und Monate, möglicherweise über mehr als vierundzwanzig Jahre hinweg. Vielleicht eine Kombination aus Daten, die in Struths Leben eine größere Bedeutung hatten. Das eigene Geburtsdatum oder das seiner Verlobten. Oder der Termin der Hochzeit, die eventuell schon geplant war.

Ich verbringe Stunden damit, hinter die Bedeutung dieser sechs Zahlen zu kommen, gleiche sie mit dem Datum der Verurteilung und dem der Verhaftung ab. Ziehe Quersummen, verschiebe dies und das. Doch nichts davon ergibt eine Lösung.

Vielleicht sind es also Zahlen, die der Gefangene aus anderen Zusammenhängen destilliert hat. Numerologie: Die Mystik von Zahlenfolgen, die er möglicherweise seinen mathematischen Büchern entnommen hat. Oder den Gewinnzahlen, die er stets verfolgte. Es passt irgendwie, dass ich ihm auch dieses Geheimnis nicht entlocken kann: Ein stiller, in sich gekehrter Mann, der sich nicht lesen ließ.

Zumindest glaube ich aber eine Idee zu haben, was er damit bezweckt haben könnte. Hans-Dieter Struth hat offenbar auf das Signal einer höheren Macht gewartet, um sich die Rückkehr in die Freiheit zu gestatten. Eine höhere Macht, die sich ihm über den Erfolg im Gewinnspiel offenbart. Solange das nicht passiert, wollte er sich demütig bei Wasser, Brot und Arbeit halten. Ein selbst auferlegtes Martyrium. Dazu hat offenbar auch gehört, nichts für sich selbst zu tun. Nicht mal, als ihn die heimtückische Krankheit erwischte und allmählich von innen zerfraß.

Knallhart gegen sich selbst, höflich gegen andere: Haben Sie besten Dank, Herr Doktor. Manchmal ist die gnadenloseste Instanz eben kein Gericht und keine Haftanstalt. Sondern dieser unfassbare Kern, den man Ego nennt.

Kalt erwischt

Dass sie die Waffe eines Tages wirklich benutzen würden, hätte Rolf Senkowski nie gedacht – und schon gar nicht, dass er dann am Drücker wäre. Sie hatten die alte Baby Glock manchmal dabei, wenn sie Geschäfte tätigten, in denen es um größere Summen ging; eine Art stille Reserve, Rückversicherung für den äußersten Fall. Das fühlte sich beruhigend und, zugegeben, auch irgendwie cool an. Das Ding passte in jede Jacke, trug nicht auf, war nicht allzu schwer, und wenn es mal wirklich Stress geben sollte, so hatte Rainer gesagt, mache die immer einen seriösen Eindruck. Wie er damals eben so redete, sein älterer Bruder, um den ganz Harten rauszukehren, zu dem er später dann auch geworden ist.

Ein anderer, der damals zum weiteren Kreis gehörte, hatte Rolf aber mal gesagt, dass jede mitgeführte Waffe so etwas wie ein Fluch sei. Weil irgendwas tief in einem drin bloß auf den Moment warte, in dem man sie endlich einsetzen kann. In dem man also darauf zurückgreift, ohne nach einer anderen Lösung zu suchen. Diese Worte sind ihm später wieder eingefallen, wie eine sich selbsterfüllende Prophezeiung. Schon am Ende des Tages, an dem er sich mal eben »die nächsten zwanzig Jahre seines Lebens versaut« hat, um seine eigenen Worte zu bemühen. Denn so viel Qualm gibt es nun mal dafür, wenn man ein Verbrechen in dieser Größenordnung begeht.

»Du glaubst, dass du mit so einem Ding stärker bist«, davon ist Rolf Senkowski inzwischen überzeugt. »Dabei macht es dich im Grunde nur schwächer. Aber das willst du vorher einfach nicht glauben, und das ist das Bekloppte daran.«

»Der Angeklagte zeigte Reue«: So steht es in manchem Protokoll eines Strafprozesses, der sich mit einer schweren Gewalttat befasst. Was immer ein bisschen hölzern, wenn nicht sogar vom Strafverteidiger vorgeturnt wirkt. Jeder weiß ja, dass sich die drohende Freiheitsstrafe dadurch und nur dadurch eventuell um einiges reduzieren lässt. Es macht doch einen Unterschied, ob einer für fünfzehn statt für zwanzig oder mehr Jahre hinter dicken Mauern verschwindet, um mal ein realistisches Beispiel zu geben.

Den Tätern, um die es dabei geht, verlangt das jedoch einiges ab. Viele haben gerade erst angefangen, sich mit ihrem Anteil am Verbrechen auseinanderzusetzen, wenn sie vor dem Richter und seinen Schöffen stehen. Für sie kommt das alles, so seltsam es klingen mag, noch zu früh. Die richtige, ernsthafte Verarbeitung setzt, wenn überhaupt, oft deutlich später ein. Wenn der Blues erst in die Zelle und dann unter die Jacke kriecht, dann sind harte, bedrückende Monate und Jahre im Knast zu überstehen. Eine sehr kritische Phase, in der überdurchschnittlich viele Suizidversuche unternommen werden.

Rolf Senkowski zum Beispiel hat wenig Reue gezeigt, als man ihn und drei Mittäter Anfang der Neunzigerjahre vor dem Landgericht Bochum zur Verantwortung zog. Die Anklage: gemeinschaftlich begangener, heimtückischer Mord in drei Fällen. So stand es nicht nur im Protokoll, sondern auch in den Zeitungsberichten zum Prozess, die in Kopie in seiner Personalakte abgeheftet sind: »Die vier Männer im Alter zwischen siebenundzwanzig und neunundzwanzig Jahren nahmen das konsequente Urteil bei der Verkündung ohne jegliche erkennbare Gefühlsregung hin.«

Wie könnte es auch anders sein, sagt er im Rückblick, wenn man da im Gerichtssaal Stunde um Stunde nebeneinandersitzt. Keiner will sich vor den anderen eine Blöße geben; keiner will der Umfaller, das Arschloch oder der Schleimer sein, der vielleicht noch zu jammern anfängt. Schon gar nicht, wenn dein Bruder darunter ist, der exakt fünfundzwanzig Minuten vor dir auf die Welt gekommen ist. Nur ein winziger Vorsprung innerhalb einer Lebenszeit und trotzdem entscheidend, weil der nie mehr einzuholen ist.

Jetzt aber, fast vier Jahre später, kreisen lauter Gedanken in seinem Kopf und dazu diese unglaublichen Bilder. Szenen wie aus einem Film, nur dass er selbst eine der Hauptrollen spielt. Als der Mann, der die Glock 26 in der Hand hat und einem anderen hinterherrennt. Als der Mann, der dann wirklich abdrückt – und zur eigenen Überraschung auch noch trifft.

Das Opfer höre den Knall gar nicht mehr, hat ihm dieser Typ damals noch gesagt, so eine Kugel sei schließlich schneller als der Schall. Aber der Schütze, dem es ohnehin fast den Arm wegreißt, der hört alles: den durchdringenden, lauten Knall, den man nie mehr vergisst; nicht in diesem Leben. Das kann zu einer ewigen Last werden; und das sei nun tatsächlich so eingetreten, wie Senkowski inzwischen festgestellt hat. »Das alles nur, weil dir einer sagt, wir hätten keine andere Wahl mehr, und du der schnellste Läufer bist. Völlig bescheuert, wenn man sich das mal überlegt. Aber der das in dem Augenblick gesagt hat, ist immerhin mein älterer Bruder. Und was für 'ne Alternative hast du in so einem Moment dann noch?«

Glatte, aschblonde Haare, die ihm in längeren Strähnen bis knapp über die etwas übermüdet wirkenden, türkisblauen Augen fallen, und eine halbwegs sportliche Statur: So sitzt Rolf Senkowski mir in Werl zum Ende seines vierten Haftjahres gegenüber. Der Dreiunddreißigjährige ist einer von den Patienten, die in meiner Sprechstunde mehr über sich als über gesundheitliche Probleme reden wollen. Das ist oft genug die eigentliche Behandlung hier. Zuhören. Ich habe ihm auch schon ein leichtes Beruhigungsmittel gegen akute Schlafstörungen verschrieben. Allerdings mit der Empfehlung, dass er abends nach dem Umschluss lieber versuchen solle, sich zu entspannen und zu schlafen, anstatt noch stundenlang zu schreiben. So viel Kopfarbeit ist eher was für tagsüber.

Doch Senkowski drängt es, wie er betont. Er sei gerade dabei, »diese ganze Scheiße auseinanderzudröseln«, um damit irgendwie fertig zu werden. Deshalb sitzt er Abend für Abend mit Spiralblock und Kuli in seiner Zelle und schreibt alles auf. Manchmal gehe das bis spät in die Nacht hinein; danach arbeite sein Gehirn immer noch ein bis zwei Stunden weiter, bis es endlich zur Ruhe kommt. Dann kommt das eigentliche Anliegen: Ob ich das alles mal lesen könne, um ihm anschließend ein Feedback zu geben.

»Vielleicht wird's ja nur 'n Beitrag für die Knastzeitung«, sagt er mit unüberhörbarem Ruhrgebietsakzent. »Vielleicht kann man aber auch mehr daraus machen. Sie kennen doch welche vom Fernsehen. Die brauchen auch immer neue Stoffe, und der hier is' wirklich gut. Den hat nämlich das wahre Leben geschrieben.«

Solche Anfragen erreichen mich häufiger, und die Erfahrung hat mich gelehrt, damit eher zurückhaltend umzugehen. Also erkundige ich mich zunächst mal im Haus über Senkowski. Dietmar Wenzel, einer der angestellten Lehrer in der Schulabteilung der JVA, hat den Gefangenen schon etwas besser kennengelernt. Lobt ihn: eine echte Arbeitsbiene, die unter seiner Anleitung damit begonnen hat, das Abitur zu machen. Auch das gehört zum Weiterbildungsprogramm, das vor einiger Zeit im Knast und speziell für Gefangene mit langen Haftstrafen eingeführt wurde. Wer da fleißig mitmacht, kann sich für eine bessere Sozialprognose und einen neuen Start nach dem Knast qualifizieren – alles Chancen, um vom Tag X an mit besseren Aussichten ins wirkliche Leben zurückzufinden. »Ich habe den Eindruck, dass der das wirklich will«, sagt Wenzel. »Ich glaube auch, dass er es schaffen kann. Der hat so viel Potential, das ahnt der selber kaum.«

Später sehe ich mir die Personalakte doch noch mal genauer an. Dort finde ich die ausführliche Schilderung des Vorfalls, der sich auf einem ehemaligen Zechengelände in Bochum-Hordel ereignete und drei Männern aus dem polnischen Gliwice das Leben gekostet hat. Es sind drei Morde von nicht alltäglicher Brutalität, die mehr oder weniger gleichzeitig verübt wurden. Wenn die Angaben aus dem Bundeszentralregister zutreffen, hat sich keiner von den vier Verurteilten davor je etwas zu Schulden kommen lassen. Jedenfalls nichts, was im Strafregister eingetragen wurde.

Außerdem studiere ich noch die Angaben zu den Personalien der vier Täter. Dabei finde ich bestätigt, was Senkowski mir erzählt hat: Sein Bruder Rainer und er sind am selben Tag im Februar 1960 in Höntrop geboren worden – heute ein eingemeindeter Stadtteil von Bochum. Ihre beiden Mittäter stammen ebenfalls aus Höntrop und sind ein paar Jahre jünger. Alle vier sitzen zur Verbüßung ihrer langjährigen Haftstrafen in verschiedenen Anstalten Nordrhein-Westfalens ein. Eine übliche Vorsichtsmaßnahme, damit sie im Knast nicht wieder eine unheilvolle Allianz bilden können.

Kurz darauf beuge ich mich endlich über die zwölf DIN-A4-Seiten aus Senkowskis Schreibblock. Er hat mir der Hand über die volle Breite, wenn auch mit größerem Zeilenabstand, geschrieben und beginnt nicht mit der Schilderung der Tat, sondern deutlich früher. Oben auf der ersten Seite steht die markante Überschrift »Sudden-Death-Leg« in großen Lettern.

Weil ich den Ausdruck nicht auf Anhieb verstehe, suche ich in Wikipedia: Bei Dart-Turnieren wird ein Vorsprung von zwei Legs zum Sieg benötigt. Ist dieser auch nach dem vorher gespielten Tie-Break nicht erreicht, wird ein Sudden-Death-Leg gespielt, dessen Gewinner das Spiel für sich entscheidet. Vor Beginn dieses Legs entscheidet jeweils ein Wurf auf das Bullseye über den Anwurf im finalen Leg.

Rainer und Rolf: In dieser schlichten Arithmetik steckt im Grunde schon das ganze Programm. Die eineiigen Zwillinge sind die Nachzügler in einer bis dahin dreiköpfigen Familie. Ihre Schwester ist zehn Jahre älter, deshalb müssen sie gemeinsam spielen, sich gegenseitig im Auge behalten, gemeinsam ihre Erfahrungen machen; viel mehr an Aufmerksamkeit oder gar Erziehung ist nicht drin. Der Vater ist Schichtarbeiter in einem Kaltwalzwerk; die Mutter arbeitet dort in der

Kantine und stirbt früh an einem Tumor. Danach werden die Kinder unter der Woche auf zwei Tanten aufgeteilt. Irgendwie muss es ja weitergehen. Natürlich lässt man die Zwillinge immer zusammen.

Der offensichtliche Mangel an elterlicher Fürsorge und Ansprache fühlt sich nicht mal schlecht an, wird Rolf später aufschreiben. Während andere in ihrem Alter noch Autoquartett spielen oder Hausaufgaben machen, streunen die beiden mit Freunden auf Industriebrachen, Schrottplätzen oder nicht befahrenen Gleisanlagen herum. Das Niemandsland zwischen Wattenscheid und Bochum-West ist ihr schier unendliches Paradies. Bald sind auch Lutz und Volker mit von der Partie. Die Jungs aus der Nachbarschaft und die Zwillinge werden beste Freunde, sie sehen sich mehr oder weniger täglich.

»Der eine hat beim anderen geklingelt«, schreibt Rolf. »Wir wohnten alle nicht mal einen Kilometer voneinander entfernt.« Ohne dass sie je darüber abstimmen müssen, wird schnell klar, dass Rainer immer das erste und letzte Wort hat. Er ist der Älteste; er hat die Ideen, bestimmt, was sie als Nächstes tun, und geht dabei immer vorneweg. Aus alten Fahrrädern und Kinderwagen Seifenkisten bauen. Sitze aus verrosteten Autos herausschrauben, mit einem Luftgewehr auf Tauben, Mäuse und Ratten schießen. Einfach alles zusammen machen, was aufregender als Zuhause und Schule ist.

Wer so aufwächst, schleppt sich gerade noch zur mittleren Reife, aber er strebt nicht nach einem Studienplatz. Irgendwann nach der Bundeswehr sind alle vier dann wieder zusammen und schrauben an größeren Sachen herum. Machen alte Autos und Motorräder flott, um sie dann mit Gewinn zu verkaufen. Manchmal sind dabei zwei- bis fünftausend Schleifen und mehr für sie drin. Später betreiben sie eine Autowerkstatt für Kunden, die nicht fragen, woher die Ersatzteile sind und auch keine Rechnungen brauchen. Die unkomplizierten Jungs von der Garagenwerkstatt im Hinterhof, die jeder mal aufsucht, wenn es schnell und günstig gehen soll.

Auf Dauer aber kann es das allein nicht sein, findet Rainer. Weil sie sich seiner Ansicht nach verschleißen, wenn sie von Montag bis Samstag unter der Hebebühne stehen, die Hände und Gesichter schwarz vom Motoröl und Ruß. Deshalb sollten sie expandieren und ihr Angebot erweitern, bevor andere das Geschäft machen. Soll heißen: nebenbei Raubkopien von Pop-Alben und Spielfilmen sowie gefälschte Markenware verkaufen. Also verhökern sie Lacoste-Polos und Benetton-Pullover aus der Türkei, die neuen Alben von Madonna und Prince sowie »Der mit dem Wolf tanzt« und »Das Schweigen der Lämmer«. Alles, was sie irgendwo »besorgen« können, um es dann günstig anzubieten. In Sonnenstudios und Buden, wie Kioske hier heißen, in Videotheken und Fitness-Gyms: Überall sitzen schlecht bezahlte Perlen und Typen, die sich gerne ein bisschen was nebenbei verdienen. Das ist ein unschlagbares Vertriebsnetz. Das von Rainer ausgeklügelte Geschäftsmodell entwickelt sich zum Renner.

Bald nach der Wiedervereinigung und dem Zusammenbruch des Ostens kommt noch der einträglichste Handel dazu: der Verkauf von steuerfreien Zigaretten. Das geht ganz einfach. Man trifft ein paar Polen in einer stillen Gegend oder an einem Autobahn-Rastplatz und kauft ihnen eine halbe Kleintransporter-Ladung Zigarettenstangen ab. Anschließend vertreibt man das Zeug konkurrenzlos preiswert über die Läden, die man schon an der Hand hat, und kassiert sofort bei Auslieferung. Alles läuft cash. Wo bitte sollte da ein Risiko sein, fragt Rainer zurück, als Rolf Bedenken anmeldet, dass sie dafür in den Bau wandern könnten. Auch Lutz und Volker können nicht sehen, was bei den Geschäften schiefgehen könnte. Auch für sie ist das eine sichere Kiste.

Mit der Zeit und bei wachsender Nachfrage drehen sie das Rad immer größer, immer schneller. Bald nehmen sie ihren Lieferanten auch ganze Transporter-Ladungen ab, heiße Ware im Gesamtwert von hunderttausend D-Mark und mehr. Denn offenbar schert sich keiner darum, woher das Zeug kommt und dass das Geschäft illegal ist; selbst Polizisten und Finanzbeamte gehören zu ihrem Kundenkreis. Also treten sie weiter auf das Gaspedal, machen endlich die Kohle für ein Leben auf der Überholspur. Die alten, gebrauchten Karren, die sie gefahren haben, werden bald gegen teure, tiefergelegte Limousinen mit Alufelgen und Breitreifen eingetauscht. Unter der Woche treffen sie sich regelmäßig in ihrer Stammkneipe zum Dart-Spiel, bei dem Rolf es zu einer gewissen Meisterschaft bringt und alle anderen abzieht. Samstagabends geht es regelmäßig auf die Piste: Zeche Zollverein, Bermudadreieck, ins Meyer-Lansky, in die Spielcasinos. Später landen immer mindestens zwei von ihnen noch in einem privaten Spielclub zum Klammern, einem nur für Außenstehende harmlos wirkenden Kartenspiel, bei dem es aber in Wirklichkeit schnell um immer höhere Einsätze geht. Immer wieder mal sind feuchtfröhliche Kurztrips nach Ibiza oder Gran Canaria angesagt, halleluja, das Leben ist schön.

Irgendwann aber haben sie sich beim Zocken schwer verdribbelt und den Überblick verloren. Mehr verballert als eingenommen, können sie die Zigarettenlieferungen zweimal in Folge nur anzahlen, weil sie gerade nicht flüssig sind.

Ausgerechnet jetzt drängen Tomasz und seine Jungs auf das Begleichen der Außenstände: Neue Ware gibt es, wenn überhaupt, nur dann. Leistung Zug um Zug. Ausgerechnet jetzt, stöhnt Rainer. Diesmal ist der Zug aber nicht mehr aufzuhalten. Morgen spätnachmittags würden sie nach Bochum kommen, kündigt Tomasz am Telefon an, dann sollen ihre säumigen Partner aus dem Ruhrgebiet endlich die überfällige Summe hinlegen. Sonst würde es ziemlich ungemütlich werden, das wollten sie bestimmt nicht erleben.

So sitzen sie am Abend zuvor zusammen, alle vier, um sich eine Strategie zurechtzulegen. Dabei fällt ihnen auch die Baby Glock ein. Es könne ja nicht schaden, wenn sie die dabeihaben, meint Rainer; dann sähen diese Pollacken gleich, dass sie kein Muffensausen haben und auf Stress vorbereitet sind. Die ganze Summe hätten sie sowieso nicht am Start, es könne nur darum gehen, eine weitere Ratenzahlung und Lieferung rauszuholen. Nur wenn das den Polen nicht reiche, müssten sie eben ihre Waffen zeigen. »Kette schmecken«, wie Rainer sagt. »Ohne uns können die Polen ihre Zigaretten selber rauchen. Lasst mich nur machen.«

Rolf ist nicht wirklich überzeugt. Aber jetzt den Muffengänger abzugeben und die Kumpels im Stich zu lassen, das ist keine Option. Er kommt da nicht raus, bleibt einmal mehr im Kielwasser des älteren Zwillingsbruders. Blut ist dicker als Wasser. »Das Grundmuster«, wie er später in seinen Spiralblock schreiben wird: »Ich war immer kurz dahinter, hatte aber nie wirklich eine Chance, an ihm vorbeizukommen. Immer fünfundzwanzig Minuten zu spät.«

Und wer hätte ahnen können, dass Rainer zu dem deutschpolnischen Gipfeltreffen noch mehr mitbringen würde als nur die alte Glock? Wohl keiner von ihnen. Das Gericht hat

Rolf seine Ahnungslosigkeit nicht abgekauft, schließlich habe er als Zwillingsbruder sicher eine Vorstellung davon gehabt, zu was sein Bruder fähig sein könnte.

Wie verschieden dürfen Zwillinge denn sein? Was nimmt man ihnen ab? Zwillingsforschung ist beliebt. Es ist immer noch ein großes Anliegen der Wissenschaft, herausfinden zu wollen, ob das menschliche Verhalten nun stärker durch genetische Anlagen oder durch Umwelteinflüsse geprägt wird. Für empirische Forscher gibt es daher kaum etwas Schöneres, als Studien an Zwillingen durchzuführen: Diese sind nämlich von Haus aus mit einem ähnlichen Genpool ausgestattet – bei eineiigen Zwillingen beträgt die Übereinstimmung immerhin bis zu über neunzig Prozent. Über die Ergebnisse solcher Studien, die heute diese und morgen jene Theorie zu erhärten scheinen, lässt sich endlos debattieren.

Fragen nach der genetischen Determination spielen auch in der Kriminologie eine Rolle. Hier versucht man seit eh und je abzuklären, in welchem Maße das deliktische Verhalten als Ausdruck eines freien Willens betrachtet werden kann – oder eher als Resultat festgeschriebener, hirnbiologischer und soziologischer Gesetzmäßigkeiten. »Nature or Nurture«, wie man das nennt: Natur oder Erziehung. Um Aufschluss über den Einfluss der Gene auf einen »Hang zum Kriminellen« zu erhalten, wurden zwischen den beiden Weltkriegen Studien an Zwillingen betrieben. Im NS-Deutschland sperrte man dann sogar vermeintlich »anlagemäßig belastete Personen« präventiv vor der Gesellschaft weg, ein ebenso perfides wie letztlich erfolgloses Konzept.

Die breite Öffentlichkeit hingegen möchte durch Nachrichten über Zwillinge heutzutage hauptsächlich gerührt werden. Nichts goutiert sie lieber als Geschichten, die von starker Seelenverwandtschaft und verblüffend ähnlichen Lebensläufen handeln. Im Idealfall geht es da um zwei am selben Tag geborene Brüder oder Schwestern, die kurz nach der Geburt getrennt wurden und in verschiedenen Ecken der Welt aufwuchsen. Bis sie beim ersten Treffen nach Jahrzehnten feststellen, dass sie den gleichen Typ von Lebenspartner gewählt haben, das gleiche Auto fahren und den gleichen Bordeaux im Weinkeller haben.

Gleich, gleicher, am gleichsten: Das ist offenbar die einzige Erzählung über Zwillinge, die in der allgemeinen Wahrnehmung funktioniert. Wäre die Geschichte von Kain und Abel überhaupt vorstellbar gewesen, wenn sie Zwillingsbrüder gewesen wären, einer die Kopie des anderen?

Aber Rolf ist trotzdem nicht wie Rainer, auch wenn sie eineiige Zwillinge sind; er hat nur nie den richtigen Moment gefunden, um sich von ihm zu distanzieren. Das geht aus seinen schriftlich fixierten Schilderungen eindeutig hervor. Also bleibt er dem großen Bruder weiter verhaftet, wie er sich erinnert. Dazu gehört auch dieser fürchterlich misslungene Abend, an dem sie beide zu mörderischen Gewalttätern werden. Selbst das geschieht ja wieder annähernd synchron.

Wie angekündigt ruft Tomasz am späten Nachmittag an und sagt, dass er mit zwei Begleitern in Bochum angekommen sei. Man wolle nun endlich Cash sehen. Wann und wo also können sie sich treffen? Die knappe Ansprache eines Mannes, der nicht mehr diskutieren will, nicht nach einer Anfahrt von gut achthundert Kilometern. Rainer weiß einen verschwiegenen Ort. Er bestellt die Polen auf das Gelände der Zeche Hannover im Bochumer Stadtteil Hordel; genau um 20 Uhr, unterm Malakow-Turm bei Schacht 1. Das ist einfach zu finden, und dort stehen auch keine überflüssigen Leute herum.

Er und die anderen drei treffen sich eine Stunde vorher am Bratwursthaus beim Engelbert-Brunnen – ein gemeinsames, über Jahre gepflegtes Ritual. Nur Rolf kriegt seine Currywurst mit Pommes-Schranke nicht mehr runter; er hat »ein Scheißgefühl«, wie er sagt. Prompt folgen zwei der häufigsten Rainer-Sätze: »Was soll schon schiefgehen?«, und: »Macht euch mal locker!« Seine Taktik ist denkbar einfach. Erst mal will er denen was anbieten, dreißigtausend Schleifen als Zwischenfinanzierung in einem Umschlag. »Wie sagt man: Bargeld lacht. Wer damit nicht zufrieden ist, kriegt gar nichts. Ganz einfach.« Bei diesen Worten klopft er mit einer Hand auf seinen olivfarbenen Daunenmantel, unter dem er wie immer anscheinend einen Baseballschläger trägt. »Nur für den Fall, dass die kein Deutsch verstehen.«

Und dann geht alles, aber auch wirklich alles schief.

Sie wollten eine Viertelstunde vorher am alten Zechengelände sein, aber als sie dort eintreffen, steht da schon beim Turm ein polnischer Jeep – ein Grand Cherokee mit getönten Scheiben. Keiner steigt aus. Tomasz streckt nur seinen linken Arm mit leicht gespreizten Fingern aus dem offenen Fenster der Fahrertür, das Zeichen für sie, stehenzubleiben. Dann winkt er sie heran; die anderen beiden scheinen hinten zu hocken. Ob sie bewaffnet sind, ist nicht zu erkennen. Rainer steigt als Erster aus, hebt die rechte Hand zu einem freundschaftlichen Gruß, eine beschwichtigende Geste, dann greift seine Hand nach der Innentasche in seinem Daunenmantel, und alle anderen sind sich sicher, dass jetzt der Umschlag zum Vorschein kommt. Der braune, dicke Umschlag mit den dreißigtausend Schleifen.

Aber da ist gar kein Umschlag. Da ist stattdessen eine Bazooka. Rainer kniet blitzschnell nieder, bringt die Waffe in Anschlag und drückt ab. Entgeistert wenden sie ihren Blick auf die Polen-Karre. Dann kracht es gewaltig.

Die Explosion reißt Menschen und Gegenstände auseinander, es brennt und qualmt, überall Blut und Geschrei. Rolf kommt erst gar nicht dazu, darüber nachzudenken, woher sein Bruder die Bazooka hat. Denn als einer von Tomasz' Männern fluchend aus dem brennenden Auto springt und losrennt, drückt sein Bruder ihm die entsicherte Knarre in die Hand: »Du bist am schnellsten. Los, lauf hinterher!«

Und Rolf läuft, hundert, zweihundert Meter, bis er den verletzten Polen mit den angesengten Haaren fast eingeholt hat. Jetzt kann er nur noch tun, was die anderen drei von ihm erwarten, gottverdammte Scheiße, und das tut er dann auch. Mannschaftsgeist. Der Mann vor ihm scheint im selben Moment zu Boden zu fallen, wie er selbst den Knall hört. Diesen fürchterlich lauten Knall, den er lebenslänglich in Erinnerung behalten wird. Trotzdem feuert er noch zwei weitere Schüsse auf die reglose Gestalt ab. Als er zu den anderen zurückkehrt, fühlt er nichts mehr.

Sie wollten das regeln, ganz entspannt, und nun ist ein Massaker daraus geworden, ein kurzes, blutiges Gemetzel: Einer erschossen, zwei zerfetzt und im Wagen verkohlt. Rainer hat Volker, Lutz und ihn binnen weniger Augenblicke von kleinen Hehlern zu Gewaltverbrechern befördert. Jetzt bleibt ihnen nur noch, von diesem Ort zu verschwinden, so schnell es geht, bevor sie jemand sieht. Das brennende Wrack des Jeeps hinter sich lassen und irgendwie den Rest des Abends und die Nacht überstehen.

Kann man einschlafen, wenn man eben noch drei Menschen getötet hat? Rolf schafft es jedenfalls nicht. Vor seinen Augen tanzen Szenen wie aus einem der Filme auf DVD, die sie sich in der Videothek aus der Abteilung »Action« gerne ausgeliehen haben. »Aber wenn man selber in so einer Szene drinsteckt, ich meine ganz real, dann zittern dir die Hände und die Knie«, schreibt er später auf. »Ich dachte nur, oh Scheiße, jetzt hab' ich einen Menschen umgelegt. Jetzt habe ich was gemacht, das sich nicht mehr hinbiegen lässt. Wo wir bisher doch immer alles irgendwie noch repariert haben.«

Es dauert keine fünf Tage, bis die Bochumer Kripo die Verursacher des spektakulären Gewaltverbrechens identifiziert hat. Die Ermittler brauchen sich in der Szene nur ein bisschen umzuhören, um auf die Viererbande zu stoßen. Bei den Verhören knicken Lutz und Volker früh ein. Sie sind schnell geständig und betonen, an den Morden nicht aktiv beteiligt gewesen zu sein. Was man für ein milderes Strafmaß eben alles so tut. Und es entspricht dem ermittelten Tatverlauf.

Das ist gerade für Rolf sehr hart – einerseits. So eine Freiheitsstrafe sitzt ja keiner mal eben auf einer Backe ab. Andererseits beginnt nun zum ersten Mal in seinem Leben eine Zeit, in der er von seinem Bruder getrennt und eine unüberwindbare Strecke entfernt ist. Das war er bis jetzt noch nie. Rainer sitzt in Wesel ein, am Niederrhein, er in der westfälischen Börde. Dazwischen liegen knapp hundert Kilometer, mehrere dicke Betonmauern, stahlbewehrte Türen, bewaffnete Wachtürme und Sicherheitsschleusen. Das ist nicht nur für die Strafvollzugsbehörden beruhigend, sondern auch für Rolf. Denn ab sofort kann er unbehelligt damit beginnen, Rolf zu sein – und nicht mehr in erster Linie »dem Rainer sein Bruder«.

Das ist zumindest die Idee, die er in Werl verfolgt. Hier kann er das Abitur nachholen. Das wird drei oder vier Jahre dauern, selbst wenn er dafür von der Knastarbeit befreit wird. Und Herr Wenzel, einer seiner Lehrer, hat ihm auch schon einen Weg danach aufgezeigt. Wenn er daran interessiert ist, kann er später an der Fernuni Hagen studieren – entweder in Teil- oder in Vollzeit. Außerdem besteht bei guter Führung die Möglichkeit, Hausarbeiter zu werden. Das ist ein Vertrauensposten, den man an vielen Stellen in der JVA bekleiden kann – von der Küche über die Bücherei bis zu unserer medizinischen Abteilung. Die Kenntnisse und Fähigkeiten, die man dort erwirbt, werden auch bei der Einschätzung seiner Sozialprognose eine günstige Rolle spielen.

Angebote, die Knastzeit für ein ganz persönliches Upgrade zu nutzen, gibt es also genug, und Rolf ist entschlossen, so viele wie möglich zu nutzen. Aber auch wenn Rainer weit weg ist, holt sein langer Schatten ihn noch häufig ein. Unter den Gefangenen hat sich Rolfs Verbrechen schnell herumgesprochen; es bringt ihm jene Art von Respekt ein, die er nie haben wollte: Shootout und drei Polen plattgemacht, großes Kino, da legt einer mal richtig gut vor. Darum ist allen anderen auch völlig klar, dass dieses Ding mit Abitur und Bildung nur ein Vorwand sein kann. Da sucht ein ganz Ausgekochter seine Chance, irgendwann abzuhauen und endlich wieder mit seinem Bruder zusammen sein zu können. Neue Sachen aushecken, wieder das Ruhrgebiet aufmischen – schon klar.

Zwilling sucht Zwilling, weil er allein unglücklich ist: Gegen die auch in einer JVA weitverbreitete Vorstellung kommt Rolf nicht an, das muss er bald einsehen. »Ich kann im Grunde machen, was ich will, um hier was zu erreichen – richtig abnehmen tut mir das sowieso keiner«, sagt er irgendwann zu Dietmar Wenzel, der es dann an mich weitergetragen hat. »Als könnte ich mir für den Rest meines Lebens nichts Schöneres vorstellen, als wieder mit den drei Chaoten über die Hinterhöfe zu ziehen.«

Der Argwohn verschärft sich noch, als neue Nachrichten von seinem Bruder die Runde machen. Rainer hat die Ausführung zu einem Termin beim Augenarzt genutzt, um sich in Wesel aus dem Staub zu machen. Er ist auf der Toilette der Praxis durch ein Fenster gekrochen, so wird erzählt, und hat sich mithilfe von elastischen Bandagen, die er sich in mehreren Lagen um Beine und Rumpf gewickelt hatte, neun Meter tief auf den Bürgersteig abgeseilt. Passanten dachten, es handle sich um einen Filmstunt und hatten sogar applaudiert. Die zwei begleitenden Beamten, die vor der WC-Tür standen, hatten ihm so eine halsbrecherische Aktion nicht zugetraut. Beim Abtasten und Absonden mit dem Metalldetektor waren die sorgfältig um den Körper gewickelten, elastischen Binden nicht entdeckt worden. In Windeseile verbreitet sich die Nachricht von der spektakulären Flucht in allen Knästen ringsum.

Natürlich wird sofort mit Hochdruck nach dem Flüchtigen gefahndet. Ich sehe Rainers Gesicht zum ersten Mal auf einem Fahndungsfoto der Polizei und bin verblüfft: die gleichen strähnigen, aschblonden Haare, die gleiche Augenpartie mit den türkisblauen Augen und der gleiche, wuchtige Unterkiefer, die gleiche Statur, nur ein etwas anderer Blick – oder bilde ich mir das nur ein, um partout einen Unterschied auszumachen?

Einmal draußen, hat Rainer sich eine Woche darauf mit einem Bankraub in Berlin auch gleich noch frisches Geld verschafft. Dabei haben er und ein Kumpan zwei Sicherheitskräfte erschossen. Noch mal zwei Tote, wieder ein schweres Gewaltdelikt: Rainer kennt kein Zurück mehr, zieht nun voll durch, während Rolf zurückrudert und seine Chance auf Veränderung sucht. Viel weiter können zwei Wege kaum auseinanderdriften. Aber die Anstaltsleitung in Werl wird jetzt über die Justizbehörden in Alarmbereitschaft versetzt. Ab sofort werden alle Briefe von und an Rolf kontrolliert, auch seine Kontakte zu Mitgefangenen und seine Gänge und Bewegungen im Haus. Paul Sobotta, der Abteilungsleiter für Sicherheit, mahnt die uniformierten Vollzugsbeamten auf den Wachtürmen zu besonderer Umsicht, falls notwendig Einsatz der Waffen, und verfügt, den Freistundenhof, auf dem Rolf täglich seine Runden dreht, mit mehr Personal zu fahren.

Plötzlich erörtert man bisher selten gehörte Fragen: Mit welcher schweren Munition könnten die äußeren Mauern durchbrochen werden? Wie sind die einzelnen Häuser gegen Angriffe aus der Luft geschützt? Wie kann eine Befreiung mit einem Hubschrauber aus dem Gefängnishof verhindert werden? Wie lässt sich das Einbringen von einer Waffe oder einem Handy noch sicherer ausschließen?

Denn fast ausnahmslos jeder geht davon aus, dass die Zwillingsbrüder alles nur Denkbare unternehmen werden, um wieder zusammenzukommen – zwei Hälften der gleichen Apfelsine, wie man unzertrennliche Paare in Spanien nennt. Die haben den gleichen Kern, ticken völlig gleich. So ist das einfach, so hat es immer und überall zu sein.

Dabei hat Rolf schon lange nichts weniger im Sinn als das, und Rainer hält es offenbar auch gut alleine aus. Zumindest hat er weder damals noch zu irgendeinem späteren Zeitpunkt je einen Versuch unternommen, den kleinen Bruder in Werl zu befreien. Viel Zeit ist ihm draußen ohnehin nicht geblieben. Anderthalb Jahre nach seiner Flucht wird Rainer nach einem weiteren bewaffneten Raubüberfall in einem Pariser Bistro von Zielfahndern festgenommen. Die Liste seiner Verbrechen ist in der Zwischenzeit so lang geworden, dass es mindestens für die nächsten vierzig Jahre Knast reicht – wenn ihm nicht noch mal etwas einfällt, um sich bei nächster Gelegenheit wieder abzusetzen.

»Typisch Rainer«, sagt Rolf zu mir. »Der macht nichts alleine, kann aber jeden bequatschen. Wahrscheinlich hat er seinem Kumpel gesagt, wär' alles ganz easy. Ist aber nie alles easy. Und dann ist er der Erste, der plötzlich Panik kriegt und um sich ballert. War damals doch genauso.«

Es ist das zweite Mal, dass Rolf in meiner Sprechstunde sitzt, nicht lange nach dem Banküberfall seines Bruders. Diesmal geht es um einen Hustenlöser, aber wieder habe ich das Gefühl, dass er eigentlich nur reden will. So wie damals, als er mir die Seiten aus dem Spiralblock auf den Schreibtisch gelegt hat: »Sie kennen doch welche vom Fernsehen ...« Aber auch heute kann ich ihm dazu nicht viel mehr sagen als neulich: Dass man sich gut überlegen müsse, welche Bilder man aus dem Gedächtnis wieder nach oben ruft – und ob man damit einigermaßen leben kann.

»Wahrscheinlich gibt es diesen Film doch schon«, sage ich. »Und zwar da oben als festen Loop in Ihrem Kopf. Oder liege ich da völlig falsch?«

»Ja, da läuft er«, gibt Rolf Senkowski zurück, halb erleichtert und halb betreten. »Und zwar ganz schön oft. Das kann ich Ihnen sagen.«

Vielleicht sei es ja besser, wenn er erst mal weiterschreibe, schlage ich ihm vor; denn seine Geschichte sei ja damit nicht zu Ende. Das, was er jetzt alles erlebe, sei mindestens genauso wichtig für ihn. Danach werde er möglicherweise genauer wissen, wie und warum sich alles so zusammengefügt hat, was ihn mit seinem Bruder wirklich verbindet und was ihn alles von ihm trennt. Dann könnten wir wieder miteinander reden. Über ihn und seine Geschichte, die mit einem Blutopfer der besonderen Art eine so entscheidende Wende genommen hatte. So sind wir bis auf Weiteres verblieben.

Rainer Senkowski hat seinen Zwillingsbruder Rolf nicht befreit. Umso leichter kann Rolf im Gefängnis damit weitermachen, sich von Rainers düsterem Schatten zu befreien. Das wird voraussichtlich kein kurzer Akt, sondern ein Prozess sein, der sich über etliche Jahre hinwegziehen wird. Aber Zeit ist gerade nicht sein Problem, und das ist ganz bestimmt nicht zynisch gemeint.

Lautrach

Der letzte Kellner hat bereits die leeren Gläser eingesammelt und ist auf dem Absprung. Wer jetzt noch was trinken will, muss an die Bar. Auf der Terrasse ist kaum Betrieb, die meisten Gäste haben sich auf ihr Zimmer zurückgezogen, nur ein paar flüsternde Silhouetten verharren noch unter dem Sternenhimmel. Ein typischer Sommerabend zu vorgerückter Stunde. Und dann, nach einer längeren Pause, plötzlich diese Bemerkung: »Oh Gott, ich habe Ihnen schon die halbe Packung weggeraucht. Hoffentlich können Sie mir das verzeihen.«

Dass der Abend so verlaufen würde, habe ich nicht ahnen können, als ich am Nachmittag in Schloss Lautrach im Unterallgäu angekommen bin, um hier zur Eröffnung eines Weiterbildungsseminars die Dinner Speech vor über hundert Ärzten zu halten. Beim anschließenden Smalltalk wollte ich mich still und heimlich absetzen und früh ins Bett, denn die Anfahrt mit dem Auto ist an jenem Freitag kein Spaziergang gewesen. Aber da hatte ich Anna Meissner noch nicht kennengelernt.

Die brünette Frau im bunten Sommerkleid ist mir bereits kurz aufgefallen, als das Fingerfood gereicht wurde. Dann, beim gegrillten Fleisch vom Weideochsen, setzte sie sich wie selbstverständlich neben mich. Und wartete geduldig auf ihren Einsatz, während mir ein paar Kollegen zum kurzweiligen Ausflug in die Welt der Gefängnismedizin gratulierten.

»Ich finde Fingerfood ja ein bisschen albern«, lautete der erste Satz, den sie an mich richtete. Ziemlich schnell aber kam sie dann zum eigentlichen Grund ihres Anliegens. »Na ja«, begann sie. »Viele finden das, was sie da gerade gehört haben, sicher unterhaltsam. Dabei waren sie nie in dieser Welt und werden es vermutlich auch nie sein. Aber ich habe auch mal als Ärztin im Gefängnis gearbeitet. Das ist inzwischen knapp zehn Jahre her. Nur hat mich diese Welt gleich wieder ausgespuckt, bevor ich sie richtig verstehen konnte. Und das war nicht gerade die angenehmste Erfahrung.«

Theoretisch hätte ich jetzt auf ein anderes Thema überleiten können. Aber dafür interessierte mich viel zu sehr, was eine so selbstbewusste, attraktive und sympathische Frau dazu gebracht hatte, im Strafvollzug zu arbeiten, und warum sie dann so schnell wieder daraus vertrieben wurde. Schließlich ist das die Welt, in der ich mich seit Jahrzehnten bewege. Das ist mein halbes Leben.

Also sitzen wir nun zusammen und reden. Zwischendrin gibt es immer wieder mal einen Espresso, ein neues Wasser und ein alkoholfreies Weizenbier. Selbst die Packung Zigaretten hält noch eine Weile vor. Denn je später es wird, desto interessanter wird das Gespräch.

Kurz vor dem Millenniumwechsel befindet sich Anna Meissner in einer Umbruchsphase. Sie und ihr Mann haben sich auseinandergelebt und wissen nicht, wie es mit ihrer Beziehung weitergehen soll. Karl Friedrich, ein erfolgreicher Wirtschaftsanwalt ist nach Shanghai gezogen, um dort den nächsten Karriereschritt zu machen. Anna ist mit dem gemeinsamen fünfjährigen Sohn in Freiburg geblieben. Sie möchte nicht, dass Moritz in dieser Situation auch noch aus seiner gewohnten Umgebung herausgerissen wird.

Nun sucht die sechsunddreißigjährige Ärztin einen Job, der ihr mehr freie Wochenenden lässt als die Arbeit in der Inneren Medizin an der Uni-Klinik Freiburg. Über ihren Vater, einen Beamten im Justizministerium, erfährt sie von der vakanten Stelle in der medizinischen Abteilung einer nicht weit entfernt gelegenen Strafanstalt. Ein reiner Männerknast. »Kein leichter Job für eine Frau«, sagt der noch, aber so etwas hat seine Tochter noch nie abgeschreckt. Die günstigen Dienstzeiten reizen sie, deshalb bewirbt sie sich – und wird auch tatsächlich genommen. Eine ganz neue Aufgabe, eine ganz neue Lebensphase.

Die Personalentscheidung hat Jürgen Kleinschmidt, der zweiundfünfzigjährige Leiter der JVA, wohl nicht unerheblich mitbestimmt. Der ewige Junggeselle mit der jovialen Art findet nämlich, dass viel zu wenige Frauen im Strafvollzug arbeiten, und möchte »das Image vom Bullenkloster« verändern, wie er sagt. Er besorgt der neuen Kollegin auch gleich noch eine Wohnung vor Ort.

Als Anna ihre neue Tätigkeit aufnimmt, vergeht kaum ein Tag, an dem Kleinschmidt sie nicht mittags in die Kantine begleiten will oder unter irgendeinem Vorwand zu sich ins Büro ruft. Das gehöre alles zum Welpenschutz, wie er halb im Scherz versichert. Andere Kollegen in ihrer Abteilung raten ihr zur Vorsicht. Der Chef spiele nicht nur den Mentor, er sei ein umtriebiger Mann, der gerne seinen Charme ausprobiert.

Doch seine Zuwendungen sind nur eine zarte Andeutung

dessen, was ihr im Knast sonst noch so entgegengebracht wird. Einige Gefangene zischen sich hinter ihrem Rücken eindeutige Sprüche zu: »Geiles Geschoss, der würde ich es gern mal besorgen!« Andere finden einen Vorwand, sich wegen dieser oder jener Beschwerden möglichst komplett vor ihr auszuziehen: »In meiner Familie sind viele an Hautkrebs gestorben, da muss ich doch mal von oben bis unten gründlich untersucht werden.« Die ganz Dreisten klagen über Schmerzen an den Hoden und fragen scheinheilig, was Frau Doktor dagegen tun könne.

Dagegen weiß sie allerdings ein probates Mittel: Sie streift die Einweghandschuhe über, untersucht ohne Zögern und konstatiert dann kühl, dass soweit keine abnormen Veränderungen festzustellen seien. Im Zweifel könne sie gern noch die Prostata rektal abtasten, um ganz sicherzugehen. Spätestens dann winkt diese Art von Patienten ab. So leicht lässt Anna sich nicht kirre machen. Mit Menschen zu arbeiten, kompetent und ohne Vorbehalte – das ist schließlich schon ihre Motivation fürs Studium gewesen.

Das Verhalten der Bediensteten ihr gegenüber, ob in oder ohne Uniform, ist zwar nicht ganz so aufdringlich, aber auch nicht ohne. Manche tun sich schwer, ihre Anordnungen umzusetzen. Andere teilen sogar unaufgefordert ihre grundsätzlichen Vorbehalte mit. »Eine Frau wie Sie hat hier nichts verloren«, heißt es; sie solle sich »nur vorsehen«, dass ihr nicht mal »irgendwas« geschehe. In diesem Sinne wird sie auch von Uwe Köpcke, dem Sicherheitsbeauftragten in der JVA, bei der Schlüsseleinweisung belehrt.

Köpcke zeigt ihr, wie man die Zellentür eines Gefangenen richtig »vorschließt«. Gemeint ist, beim Öffnen der Zellentür den Schlüssel erst zurück und dann wieder nach vorne zu drehen, damit der Riegel vorsteht. Dann kann die Tür nämlich weder von innen zugezogen, noch von außen zufällig geschlossen werden. Diese Praxis ist außerdem für jeden Beamten das Signal dafür, dass sich jemand vom Personal in der Zelle befindet und keiner unbeabsichtigt eingeschlossen wird. Eine Vorsichtsmaßnahme, so Köpcke, die ihr in Fleisch und Blut übergehen müsse. Generell solle sie eine Zelle sowieso lieber nur in Begleitung eines Beamten betreten, besser noch in Begleitung von zweien. Farbige Schilder an den Zellentüren gäben darüber hinaus Hinweis auf die Gefährlichkeit des jeweiligen Insassen. Am besten lerne sie schnell, wofür die Farben im Einzelnen stehen. Zum Schluss seiner Unterweisung mahnt er noch: »Vergessen Sie eins nicht: Das sind hier alles Verbrecher, auch wenn die nach außen hin freundlich und harmlos tun. Fallen Sie darauf bloß nicht herein! Am besten ist es sowieso, wenn Sie sich einen harmloseren Job suchen. Es gibt zwar auch Sozialarbeiterinnen und Juristinnen im Knast und auch weibliche Kräfte in der Verwaltung. Aber das ist etwas anderes: Sie sehen einfach zu gut aus und müssen zu nah an die Leute ran.«

»Die ersten Wochen und Monate waren also richtig bedrückend«, sagt Anna Meissner auf der Terrasse des Schlosshotels und legt sich ihre kurze Bolero-Strickjacke über die Schultern. »Jeder wollte mich entweder anmachen oder komplett entmutigen. Aber ich war entschlossen, mich nicht so leicht vom Pferd holen zu lassen. Ich dachte: Irgendwann werden die sehen, was für 'ne gute Ärztin ich bin, und dann starte ich hier durch. Dann können die gar nicht anders, als mich zu akzeptieren. Mein Gott, bin ich da noch naiv gewesen.«

»Naiv würde ich gar nicht unbedingt sagen«, werfe ich ein. »Diese Welt war für Sie einfach völlig neu. Ich habe das ganze Theater ja oft genug mitbekommen, wenn da auf einmal 'ne junge Frau auftaucht. Aber bitte!«

Dann ist sie wieder am Zug. Ich habe heute Abend schon genug geredet.

Die Atmosphäre im Gefängnis verbessert sich auch innerhalb der ersten Monate kaum, selbst Kleinschmidt bleibt weiterhin der Kavalier im Hintergrund. Hinzu kommt, dass es privat ebenfalls nicht rundläuft. Die Auseinandersetzungen mit ihrem Mann, der immer wieder verspricht, Moritz zu besuchen, und dann die Besuche kurzfristig absagt, setzen ihr zu. »Männer sind gerade nicht so mein Thema«, sagt sie einmal zu Rita Dienes, der besten Freundin aus alten Schultagen, die in der Nachbarstadt eine Boutique betreibt.

Nach gut vier Monaten aber bringen ihr die Krankenpfleger einen Mann mit einer stark blutenden Stichwunde am Oberschenkel ins Sprechzimmer. Der ist soeben von einem anderen Knacki mit einem angespitzten Stemmeisen attackiert worden und muss schnell versorgt werden. Die tiefe Fleischwunde ist bald gesäubert und desinfiziert sowie mit wenigen Stichen genäht. Als sie damit fertig ist und den Verband anlegt, blickt der Verletzte ihr geradewegs in die Augen. »Sie haben das sehr behutsam gemacht, vielen Dank. Hab ich hier auch schon anders erlebt.«

Der ebenso diszipliniert wie tough auftretende Mann ist die erste Person in ihrem neuen Job, die sie zum Lächeln bringt. Jedes Mal, wenn der Verband erneuert werden muss, sehen sich die beiden wieder. Als sich die Wunde dann doch entzündet, landet er für einige Tage im Lazarett, wie man die Krankenstation hier immer noch nennt. Bei einer ihrer Visiten fragt sie ihn schließlich, wie es zu der Auseinandersetzung gekommen sei, die so eskaliert ist. Walter Beck öffnet sich ihr und erzählt gleich auch noch, warum er im Knast gelandet ist.

Er habe zehn Jahre gekriegt für schwere Körperverletzung mit Todesfolge, nachdem er auf seinen Kompagnon losgegangen sei. Wie das passieren konnte, habe er vergessen. Nur an die Flucht danach könne er sich vage erinnern. Er sei dabei in ein anderes Auto gefahren; seine Frau, die neben ihm gesessen habe, sei bei dem Crash ums Leben gekommen. »Das alles ist nur passiert, weil ich herausgefunden habe, dass mein Partner unsere gemeinsame Firma für Elektrotechnik ruiniert hat«, so Beck. »Stille Geldentnahmen, gefälschte Abrechnungen und so weiter. Aber was heißt ›nur‹, wenn es deinen ganzen Lebensplan und die Sicherheit der Familie bedroht?«

Inzwischen hat der Vierundvierzigjährige bereits sechs Jahre abgesessen und steht kurz vor der Verlegung in den offenen Vollzug. Da habe es nun Zoff darüber gegeben, wer seinen Posten als Buchmacher für die inoffiziellen Sportwetten im Knast übernehmen werde. Näheres dazu sagt er aber nicht. Eine Woche später ist er so weit genesen, dass er auf seine Zelle zurückkehren kann. Da stellt Anna Meissner mit Erschrecken fest, wie sehr er ihr seither fehlt.

Weitere Gelegenheiten, sich zu sehen, ergeben sich erst einmal nicht. Sie kann nicht mal eben in jede Zelle gehen, das hat sie längst verstanden. Eines Tages, als sie gerade mit Kleinschmidt unterwegs zur Kantine ist, sieht sie ihn von Weitem. Beck hantiert in einem grauen Kittel mit allerhand Geräten an einem Sicherungskasten.

»Das ist der Gefangene Beck«, sagt der Anstaltsleiter. »Einer unserer Hausarbeiter und ein Spezialist in Sachen Elektrik. Der kriegt so ziemlich alles wieder ans Laufen. Ein völlig korrekter Mann, lohnt sich, den kennenzulernen. Warten Sie mal eben.« Schon kommt der Gefangene auf sie zu, und als Kleinschmidt sie miteinander bekannt macht, können sie sich beide das Grinsen kaum verkneifen.

Schließlich erfährt die Ärztin noch eine weitere Geschichte. Alle paar Tage gebe Beck Briefe an seine halbwüchsige Tochter auf, die bei dem Unfall damals nicht dabei gewesen sei, erzählt man ihr auf der Poststelle. Diese Briefe kämen aber allesamt ungeöffnet zurück. Da kämpfe ein Vater um sein Kind, und das schon seit Jahren. Vielleicht stimmt dann ja auch, dass er abends auf seiner Zelle Gitarre spielt, wie ein Kollege ihr neulich erzählt hat.

Allmählich kriecht ihr Walter Beck unter die Haut, das fühlt sich gut und zugleich unheimlich an. »Ich möchte bei meiner Arbeit nicht in eine Situation kommen, die ich schlecht kontrollieren kann«, sagt sie, als sie Rita an einem freien Nachmittag zum ersten Mal von Beck erzählt. »Aber dafür ist es doch eh zu spät«, kommt es zurück. »Du steckst schon viel tiefer drin, als du es wahrhaben willst. Ich kenn dich doch.«

»Natürlich war mir klar, dass es ein absolutes No-Go ist, sich auf einen Patienten einzulassen«, sagt Anna Meissner zu mir, das Schloss im Hintergrund, das inzwischen zum Scherenschnitt geworden ist. »Noch dazu im Knast. Das brauchte mir keiner zu erklären. Aber ich wollte einfach wissen, was für ein Mensch dahinter steckt. Und dann hatte Rita auch noch diese bescheuerte Idee mit den Briefen.«

»Briefe?«

»Erzähl' ich nur, wenn's auch noch was zu trinken gibt.«

Das habe ich verstanden.

Rita schlägt ihrer Freundin vor, dass sie ihre Adresse und ihren Namen benutzen könne, um dem Gefangenen mal zu schreiben. Das Treffen im Beisein des Anstaltsleiters könne doch nicht unkommentiert bleiben, darin sind sie sich einig. Auf diese Art bekäme keiner etwas davon mit.

So beginnt eine stete Korrespondenz. Anna schreibt unter »Rita« an Walter, Walter schreibt offiziell an Rita zurück. Binnen weniger Wochen wird ihnen klar, dass sie sich mit ziemlichem Tempo aufeinander zubewegen. Als Walter in den offenen Vollzug wechselt, bietet sich Rita dann als offizielle Entlassungsadresse an. So nennt man die feste Referenz, die ein Freigänger für seine Ausgänge am Wochenende braucht. In der Anstalt geht man erfreut davon aus, dass Beck in Frau Dienes eine neue Freundin gefunden hat. Das ist haarscharf daneben, denn natürlich macht sich Rita bei Becks erstem Besuch aus dem Staub und überlässt ihm und ihrer Freundin die Wohnung.

Bei diesem Treffen erzählen sich die Ärztin und der Freigänger ihr halbes Leben: Wie er weiter um den Kontakt zu seiner Tochter ringt, warum sie immer noch mit diesem Egoshooter verheiratet ist, der sich nicht um sein Kind kümmert, und wie lange einem falsche Entscheidungen im Leben nachhängen. Sie reden und reden, es wird ein wunderbar schwereloser Nachmittag mit einem langen Spaziergang und ersten beiläufigen Berührungen. Es schreit geradezu nach einer Fortsetzung.

Aber bevor es dazu kommt, wird Anna Meissner gebeten,

einen älteren, überwiegend bettlägerigen Patienten auf seiner Zelle zu untersuchen. Der laboriert schon länger an den Folgen eines Herzinfarkts und sitzt in Haus B auf Zelle 413. Oder war es 431? Vielleicht hätte sie zu der Visite einen Krankenpfleger mitnehmen sollen, wie sonst immer. Doch den Patienten kennt sie schon länger, sie fühlt sich absolut sicher. Außerdem ist an diesem Nachmittag kein Beamter auf dem Flur zu sehen, und länger warten will sie nicht.

So öffnet sie eine Zellentür, ohne auf das blaue Schild zu achten, auf dem steht »Betreten nur mit zwei Personen, davon eine männlich«, und vergisst darüber hinaus auch noch vorzuschließen, so wie man es ihr eigentlich eingetrichtert hat. Drinnen erblickt sie nicht den älteren Infarktpatienten, sondern einen deutlich jüngeren Gefangenen. Der erhebt sich von seinem Bett, während sie sich für die irrtümliche Störung entschuldigt. Nicht weiter schlimm, gibt er ihr zu verstehen, wo sie schon mal da sei, würde er sie gern etwas zu einem Medikament fragen, das er schon länger einnehme. Daraufhin macht sie zwei Schritte in die enge Zelle und zieht unbewusst die Tür etwas heran.

Der jungenhafte Insasse wirkt zunächst völlig harmlos auf sie. Aber dann erblickt sie die großformatigen Pornobilder an den Wänden, und langsam beschleicht sie das Gefühl, dass sich auch sein Blick verändert. Er beginnt sie offenbar mit den Augen auszuziehen, während er noch mit dem Beipackzettel hantiert. Als dann auch noch völlig unerwartet die Tür von außen zugedrückt und abgeschlossen wird, steigt die Angst in ihr hoch – und das ist leider genau das Parfüm, das diesen Mann in Fahrt bringt. Bevor sie noch laut rufen, an die Tür schlagen oder sich sonst wie bemerkbar machen kann, hat der sie schon gepackt. Er hält ihr eine Gabel mit einem scharf zugeschliffenen Stiel an den Hals und zischt: »Wenn du schreist, steche ich dich ab!«

Anna muss lange leiden. Näheres zu erzählen, erspart sie sich und mir. Nur so viel, dass sie die ganze Zeit leise auf ihren Peiniger eingeredet hat: »Ich wollte nur am Leben bleiben.«

Wann ihr Vergewaltiger endlich von ihr abgelassen hat, daran erinnert sie sich nicht mehr. Ihr Film setzt erst wieder ein, als der seine Hose hochzieht und sich aufs Bett setzt, während es ihr irgendwie gelingt, ihren weißen Kittel überzustreifen. Wie lange sie dann stumm vor ihm steht, völlig eingefroren, während er sie abschätzig fixiert, weiß sie nicht mehr. Irgendwann öffnet ein Beamter die Zellentür, damit der Essenträger das Tablett mit dem Abendessen hineingeben kann.

»Da wusste ich, dass ich überlebt habe«, sagt Anna. »Das war die Erlösung.«

Erstaunlicherweise sei sie noch so geistesgegenwärtig gewesen, zu dem Bediensteten zu sagen: »Gut, dass endlich jemand kommt. Man hat mich aus Versehen eingeschlossen. Aber jetzt ist alles in Ordnung.«

Woher sie die Kraft dafür genommen hat, sich so zusammenzureißen und die Vergewaltigung nicht sofort hinauszuschreien, weiß sie ebenfalls nicht. Nur, dass es ihr in der Situation als die richtige Lösung erschien. Also behält sie den brutalen Übergriff für sich, läuft wie ferngesteuert in die medizinische Abteilung zurück, um ihre Tasche zu holen, und verlässt im weißen Kittel die Anstalt. Zu Hause steht sie eine halbe Ewigkeit heulend unter der Dusche. Dazwischen schreit sie ihre Wut hinaus. Es gibt gar nicht genug Wasser, um den ganzen Schmutz und den ekligen Geruch wieder loszuwerden.

Gott sei Dank ist Moritz noch zu Besuch bei einem Freund.

»Wer hatte die Zellentür zugeschlossen?«, unterbreche ich, um ihr eine kurze Pause zu geben – es ist nicht zu übersehen, wie sehr die Erzählung sie mitnimmt. »War das Ihrer Meinung nach eher Zufall oder Absicht?«

»Kann gut sein, dass da ein Beamter vorbeigekommen ist, der die Gelegenheit erkannt hat. Lass die Kleine mal so richtig in Not geraten, dann wird sie kapieren, worauf sie sich hier eingelassen hat und dass es nicht so ist, dass der weiße Kittel sie schützt. Theoretisch hätte er sogar durch den Spion zugucken können, aber das will ich mir gar nicht vorstellen. Kann aber auch wirklich Zufall gewesen sein: Irgendwer kommt vorbei, sieht, dass die Tür angelehnt, aber nicht vorgeschlossen ist, und macht das, was er gelernt hat, schließt die Tür und geht einfach weiter. Mir ist nur schnell klargeworden, dass es mir nicht guttut, wenn ich mich weiter in solche Fragen verbeiße. Aus dem gleichen Grund hab ich mich auch nicht länger mit dem Täter befasst. Dieser gestörte Typ sollte keine Macht über mein Leben bekommen.«

Aber wie ging das nach dem katastrophalen Tag, diesem traumatischen Erlebnis weiter?

»Na ja, erst mal habe ich mir einen Krankenschein geholt und Kleinschmidt informiert, dass ich die nächsten Tage zu Hause bleibe, weil es Moritz nicht gutgehe. Habe Telefon und Handy ausgeschaltet und die Nächte mit starken Beruhigungsmitteln überstanden. Nur Moritz konnte ich um mich herum ertragen. Am Montag danach bin ich dann tatsächlich noch mal zur Arbeit, habe vorher noch eine Tavor eingeworfen. Ich wollte hören, ob da inzwischen was von der Geschichte im Umlauf ist. Für den Fall hatte ich mir sogar schon etwas überlegt.«

Anna Meissner hatte sich vorgenommen zu dementieren, wenn ihr Peiniger sich vor anderen damit gebrüstet hätte, im Sinne von »Davon träumt der aber auch nur«. Im Zweifel hätte ihr Wort gegen seines gestanden und sicher schwerer gewogen.

Ihre Sorge stellt sich jedoch als unberechtigt heraus: alles wie immer, keine besonderen Vorfälle. Ein Blick in die Gesundheitsakten genügt, um zu erfahren, dass ihr Vergewaltiger wegen zweier Morde zu einer lebenslangen Haftstrafe verurteilt worden ist, keine HIV-Infektion und keine ansteckende Hepatitis hat. Das bestätigt sie in ihrer Entscheidung und beruhigt sie ein wenig. Trotzdem hält sie es nur bis zum Mittag aus; die Wirkung der Tavor lässt nach, und das Ganze fühlt sich nur noch seltsam und unwirklich an. Dann verschwindet sie unter einem Vorwand nach Hause und kehrt nie wieder ins Gefängnis zurück. Sie meldet sich noch zweimal hintereinander für längere Zeit krank und teilt dann dem Anstaltsleiter mit, die Stelle aufzugeben: »Das ist mir alles zu eng, Herr Kleinschmidt, und bringt mich nicht weiter. Tut mir leid, ich muss mich aus dieser Sackgasse befreien.« Zu dem Zeitpunkt ist der Umzugswagen längst bestellt.

Und Beck? Mittlerweile liegt ein Stapel Briefe bei Rita, die Anna Meissner noch nicht abgeholt hat. Der verliebte Freigänger macht sich Tausende von Gedanken, womit er Anna verschreckt oder enttäuscht haben könnte. Noch eine, die von heute auf morgen nichts mehr von ihm wissen will. Er soll sich bei der Arbeit sogar mit Absicht eine neue Verletzung zugezogen haben, erfährt sie später, um wieder auf ihrer Station zu landen. Mehr Einsatz geht eigentlich nicht – nur dass Anna schlagartig jeglicher Sinn dafür abhandengekommen ist. Es gelingt ihr gerade noch, sich um Moritz zu kümmern, mehr geht nicht.

»Hast du dich jetzt völlig eingeigelt oder was ist los?«, fragt Rita eines Wochenendes am Telefon. »Kein Bild mehr, kein Ton. Ist irgendwas, oder ist etwa Karl-Friedrich wieder aufgetaucht? Hier sitzt übrigens gerade jemand bei mir, der dich gern mal sprechen möchte. Soll ich ihn dir gleich geben?«

»Nein«, ruft sie, »gib ihn mir bitte nicht! Sag ihm, dass ich ihm schreiben werde, an deine Adresse.«

Das wird ein ziemlich kurzer und sehr trauriger Brief. Anna Meissner bedankt sich für die kurzen, aber wunderschönen Momente; er sei ein ganz toller Mann, mit ihm habe sie sich alles vorstellen können, »dennoch muss ich jetzt beenden, was noch gar nicht richtig angefangen hat. Hier geht es nicht weiter für mich, ich halte den Knast nicht mehr aus und werde mich verändern. Vielleicht kann ich das irgendwann mal genauer erklären, aber momentan geht das einfach nicht. Wie es weitergeht, weiß ich noch nicht genau. Schreibe mir bitte nicht mehr.«

»Es war deprimierend, aber von heute auf morgen war auf einmal kein Platz mehr für Walter Beck«, erklärt mir Anna Meissner auf der Hotelterrasse. In den Zimmern sind mittlerweile so gut wie alle Lichter gelöscht, und hier draußen sind wir jetzt die Einzigen. »Ich wäre immer an den schlimmsten Tag meines Lebens erinnert worden, wenn ich ihn gesehen hätte, das hätte ich nicht ertragen. Es musste ein richtiger Schnitt her, so traurig es war. Himmel und Hölle gleichzeitig, das geht eben nicht.«

Himmel und Hölle – dabei fällt mir die junge Psychologin

wieder ein, die in einem niedersächsischen Knast von einem Gefangenen vergewaltigt worden ist, bis sich die Leiterin der Abteilung für Sozialpsychiatrie gegen sie austauschen ließ – und ebenfalls vergewaltigt wurde. Es war der pure Horror, aber ein Kollege in Werl fühlte sich tatsächlich berufen, das mit Zynismus zu kommentieren. »Tja«, begann er süffisant, »wer es darauf ankommen lässt, darf sich nicht wundern.«

Und dann die junge Beamtenanwärterin aus Opherdicke: Sie hielt die platten Kommentare und Angebote, die auf sie einprasselten, gerade mal sechs Monate aus, bevor sie schreiend davonlief. Ihr waren die Anzüglichkeiten ihrer männlichen Kollegen zeitweilig noch lästiger gewesen als die der Gefangenen, erzählte sie mir.

Weibliche Bedienstete haben im Männerknast keinen leichten Stand, auch wenn sich vieles inzwischen deutlich gebessert hat. Es kommt nicht von ungefähr, dass im allgemeinen Vollzugsdienst, also dort, wo der Kontakt zu den Gefangenen am intensivsten ist, im Durchschnitt nur jede fünfte Kraft weiblich ist. Die Ansicht, dass der Job nur etwas für richtige Kerle ist oder allenfalls für Frauen, die sich wie Kerle aufführen, ist vor allem unter den älteren Bediensteten nach wie vor weit verbreitet.

All das geht mir durch den Kopf, während ich Frau Meissner zuhöre. Aber natürlich behalte ich diese Gedanken lieber für mich. Was in einem Männerknast alles passieren kann, hat sie selbst in seltener und extremster Form erfahren. Ich möchte lieber wissen, was sich danach bei ihr getan hat. Denn ihre Geschichte ist damit nicht vorbei, so viel ist mir klar.

Also höre ich noch von dem Psychotherapeuten, an den sie sich in Freiburg gewandt hat, um das Erlebte nicht alleine verarbeiten zu müssen. »Danach war das für mich mehr oder weniger abgehakt, so erstaunlich es klingen mag. Ich wollte diese Wut nicht mein ganzes Leben lang mit mir herumschleppen, das durfte ich diesem Gestörten einfach nicht erlauben. Ich wollte, so schnell es geht, neu anfangen, wieder nach vorne schauen.«

Mit ihrer Qualifikation fällt es ihr nicht schwer, in die pharmazeutische Industrie zu wechseln. Dort kann sie sich in der Entwicklungsabteilung eines marktführenden Unternehmens einbringen. Eine interessante Aufgabe und zudem ein gut bezahlter Job: »Das kann ich noch zwanzig Jahre lang machen. Ich bin gut vernetzt, komme überall in Europa herum und lerne dabei interessante Menschen kennen. Das entschädigt mich einigermaßen dafür, nicht mehr mit Patienten arbeiten zu können. Wie meine Mutter immer sagte: ›Eine Masche fallenlassen, eine Masche aufnehmen.‹«

Noch einmal nimmt sie eine Zigarette aus der Schachtel, während ich an der Hotelbar noch zwei Absacker besorge. Der junge Kellner mit der schwarzen Weste gibt sich inzwischen gar keine Mühe mehr, seine Müdigkeit zu verbergen. Ich verspreche ihm auch hoch und heilig, ihn ab jetzt nicht mehr zu belästigen. Was bis jetzt zusammengekommen ist, soll er aufs Zimmer schreiben.

Als ich dann mit den zwei Drinks auf die Terrasse zurückkehre, ist dort allerdings niemand mehr. Nur Hunderte von Gewitterfliegen kreisen um eine Stableuchte. Vielleicht hat Frau Meissner kurz die Toilette aufgesucht, denke ich im ersten Moment. Aber irgendeine Stimme sagt mir, dass ich ab jetzt allein hier sitze, und so kommt es dann auch.

Eben war da noch was, und jetzt ist nichts mehr. Wie das so geht an einem warmen Sommerabend.

Den nächsten Morgen gehe ich etwas später an als geplant. Das weitere Programm des Seminars läuft gut ohne mich, also checke ich gleich nach dem Frühstück aus. Will schnell nach Hause, das dauert selbst an einem Samstag lange genug.

An der Rezeption bekomme ich zum Abschied einen Umschlag überreicht; er ist an mich adressiert und trägt keinen Absender. Sicher der Beleg für die Getränke an der Bar, denke ich, und stecke ihn in die Innentasche meiner Jacke. Erst hundert Kilometer später, kurz vor Heidenheim, kommt meine Intuition wieder auf Touren. Ich fahre auf den nächsten Parkplatz, greife in die Jacke und finde im Kuvert einen zweimal gefalteten Bogen Papier mit dem Briefkopf des Hotels. Ein Stück darunter steht in runder, gleichmäßiger Schrift ein einziges Wort.

Danke!

Altes Eisen

Mitten auf dem Freistundenhof vor Haus B liegen fünf grün-braun schimmernde Gesteinsbrocken. Jeder einzelne reicht bis knapp zur Hüfte eines ausgewachsenen Mannes. Es handelt sich um sogenannten Grünsandstein, der aus einem der acht längst aufgegebenen Steinbrüche im nahegelegenen Sauerland stammt und zu den besonderen geologischen Vorkommen im Süden der Kreidebucht von Münster gehört. Aus diesem Stein wurden nicht nur die ehemalige Burg, eine Wassermühle und die Wallfahrtsbasilika Mariä Heimsuchung errichtet, sondern auch – zwischen 1906 und 1908 – das preußische Zuchthaus, ein kreuzförmiger Bau mit der Kirche Sankt Peter in Ketten, der heute der denkmalgeschützte Teil der Justizvollzugsanstalt ist. Er steht für das Älteste und Solideste, was die Stadt Werl zu bieten hat.

In der JVA wurden die Brocken zu einem festen Ensemble aufgetürmt, das ein wenig an die Steinkreise von Stonehenge erinnert. Vier liegen nah beieinander, der fünfte obenauf. Gemeinsam mit drei massiven, etwa sieben Meter hohen, stählernen Masten dient das archaische Gebilde in erster Linie dazu, die Landung eines Hubschraubers zu verhindern. In einem Hochsicherheitsgefängnis steht die Sicherheit im Vordergrund, nicht etwa dekorativer oder optisch ansprechender Landschaftsbau. Wegen seiner verblüffenden Ähnlichkeit mit Bauwerken in Primatengehegen wird das Gebilde gerne als Affenfelsen bezeichnet. Es ist von keinem Gefangenen während der üblichen Freistunde zu übersehen. Die meisten umkreisen die Gesteinsformation, andere lümmeln sich bei schönem Wetter auf der Wiese drumherum. Ganz nah an sie herankommen oder sich gar auf sie draufsetzen darf nicht jeder; das ist ein ungeschriebenes und deshalb umso verbindlicheres Gesetz, wie ich über die Jahre beobachten konnte. Die Fenster der medizinischen Abteilung bieten dafür einen erstklassigen Ausblick, und bei passender Gelegenheit mische ich mich auch schon mal direkt unter die Meute: ein Arzt zum Ansprechen und Anfassen, der die spontane Begegnung mit seinen Patienten auch in Unterzahl nicht scheut.

Irgendwann machte ich eine kleine Gruppe aus, die sich regelmäßig dort traf: drei ältere Männer, die ihr Territorium mit bloßer Präsenz und subtilen Gesten sicherten. Schnell war mir klar: Das mussten besondere Typen sein. Manche Mitgefangene ließen sie zu sich vor, andere schickten sie weg, ohne dass dies je in Frage gestellt worden wäre. Dabei wirkten sie nicht mal respekteinflößend oder aggressiv. Ganz anders, als man das von Affenfelsen in zoologischen Gärten kennt. Die drei gehörten zu den dienstältesten Knackis hier, wie ich schnell herausfand. Altes Eisen, alte Verbrecher, denen man offenbar einen gewissen Respekt entgegenbrachte, auch vonseiten der Beamten, die ihnen mehr Spielraum als anderen ließen.

Paul Falkowski hatte dabei noch am ehesten etwas von einem Affen. Der untersetzte Mann mit dem breiten Nacken über muskulösen Schultern hatte früher in einer Boxbude und als Akrobat im Zirkus gearbeitet. Am Schleuderbrett und in Jonglage-Nummern war er Untermann gewesen, also derjenige, dem drei andere Männer oder mehr auf die Schultern steigen. Seine urwüchsige Kraft und katzenhafte Geschmeidigkeit brachte er später als Fassadenkletterer bei Einbruchdiebstählen ein. In diesem Gewerbe kannte sich seine Sippe schon länger aus. Er sagte mir mal, er sei gelernter Einbrecher von Beruf. Sein Spezialgebiet: alles, was funkelte und glitzerte und sich schnell zu Geld machen ließ. Das brachte ihm den Spitznamen »Diamanten-Paule« ein. Der zeitlos scheußliche Walrossbart in seiner unverwechselbaren Boxervisage prägte sich auch Polizisten sofort ein: ein Gesicht wie ein abgehangenes Steak. Ein Verbrecher, der aussieht wie ein Verbrecher.

Falkowski war nicht der größte Stratege in der Essener Unterwelt, wie es hieß, aber absolut zuverlässig und verschwiegen. Und das nicht nur dort. Ohne Murren akzeptierte er alle Haftstrafen, die er aufgebrummt bekam, und saß sie stur bis zum letzten Tag ab. Keine Anträge auf Straferlass nach Zwei-Drittel-Verbüßung, auf Verlegung in den offenen Vollzug oder Entlassung auf Bewährung. Abmachung ist Abmachung. Nur nach seiner letzten Verurteilung hegte er einen gewissen Groll. Aber nicht etwa gegen den Richter, sondern gegen einen seiner ehemaligen Anwälte. Wenn man ihn darauf ansprach, erzählte er: Der nach außen so überaus erfolgreich auftretende, aber tatsächlich dauerklamme Rechtsverdreher habe ihn reingelegt, ihm eine miese Lampe gebaut. Der Herr Doktor sei es gewesen, der ihn erst zum Einbruch in seine Kanzlei und zum Diebstahl des Tresors angestiftet habe, sich dann aber später selbst der Polizei gestellt habe. Nicht nur das, er habe seinen Anteil an der Beute abgegeben und erklärt, er habe sich durch die Nummer aus einer akuten finanziellen Notlage befreien wollen, keinen anderen Ausweg gesehen und bereue dies zutiefst. Blah, blah, blah. Gleichzeitig habe er Falkowski ans Messer geliefert. »Eine absolute Sauerei«, wie dieser sich in der JVA immer wieder erregte. Was ihn aber besonders aufbrachte: Der feine Anwalt habe behauptet, dass er mit Falkowski die Beute – Mandantengelder, Diamanten, teure Uhren und Schmuck – fifty-fifty geteilt habe, in Wirklichkeit sei Falkowski aber von ihm für die Auftragsarbeit mit nur fünfundzwanzigtausend Mark abgespeist worden. Erst im Prozess habe Falkowski vom tatsächlichen Ausmaß der Beute erfahren, weil er den schweren Tresor ja nur gemäß seinem Auftrag rausgeholt und an einem verabredeten Platz deponiert habe. »Dieser verdammte Zinker hat die Hälfte der Beute von knapp einer Million, abzüglich der fünfundzwanzigtausend für mich, eingesackt – und hat dafür auch noch ein mildes Urteil bekommen. Zwei Jahre im offenen Vollzug und dann auf Bewährung entlassen. Mir hat natürlich keiner geglaubt, schon wegen der einschlägigen Vorstrafen, und beweisen konnte ich nichts, deshalb haben sie mir die volle Kelle verpasst«, entrüstete er sich.

Mit über sechzig Jahren und nach all den Haftstrafen klettere er vielleicht nicht mehr ganz so flink wie früher, räumte Falkowski mir gegenüber mal bei einer Routineuntersuchung ein. »Aber was ich auf der einen Seite an Beweglichkeit verloren habe, kann ich auf der anderen durch Erfahrung wettmachen. Ich bin in Villen, Geschäfte und Bungalows eingestiegen und auf Hochhäuser geklettert, Doc, bis zu dreißig Stockwerke hoch. Und ich würd's wieder machen, wenn sich irgendwann noch mal die Gelegenheit auftut. Wenn sie mich dann wieder erwischen, wär's auch schon egal.«

Aber wer traut einem in dem Alter überhaupt noch etwas

zu? Wie geht's nach der Entlassung mit einem alten Ganoven draußen weiter? Wann und wie geht ein Verbrecher in
Rente? Das war auch ein großes Thema von Arno Pannewig.
Der wuchtig gebaute Mann mit Kugelbauch trug seine grau-
en langen Haare im Nacken zu einem Zopf gebunden, war
ebenfalls knapp über sechzig und hatte wegen Beteiligung
an Einbrüchen, Diebstählen und Hehlerei rund ein Drittel
seines Lebens hinter vergitterten Fenstern zugebracht. Ein
absoluter Spezialist für Mobilität und Logistik, einer der
sich mit Autos auskannte, sie in wenigen Sekunden knack-
te und damit, wenn es darauf ankam, fahren konnte wie
der Henker – und es kam oft darauf an. Mittlerweile war er
sich auch nicht mehr sicher, ob er als betagter, mittelloser
Schwuler in Freiheit wirklich besser aufgehoben wäre als im
Knast.

»Hier kennen mich alle«, erklärte er mir, als ich ihn wegen
eines Asthmaanfalles auf seiner Zelle in Haus B aufsuchte.
»Und irgendwie bin ich auch geachtet, jedenfalls tut mir hier
keiner was. Außerdem hab ich in meiner Zelle jede Menge
Schore gehortet, Kaffee, Tabak, Konserven. Und Kost und
Logis sind frei. Mit der Schore kann ich mir ab und zu mal
'n hübschen Knaben vom Jungtäter-Block leisten, der 'n bisschen nett zu mir ist. Die sind ja meistens blank, verballern
ihre Kohle für Drogen und sind dankbar, wenn ihnen einer
aus der Not hilft. Draußen muss ich von Hartz IV leben, da
bleibt für so was kein Geld. Was soll ich da also? Meine Arme
auf 'n geblümtes Kissen legen und bis zum Abendprogramm
blöd aus dem Fenster gucken?«

Dass Pannewig es verstand, im Knast einträgliche Geschäfte zu machen, war schon länger bekannt, spätestens seit bei
einer gründlichen Revision in seiner Zelle fast zehntausend

Euro gefunden wurden – in einer ausgeklügelt präparierten Dose. Weil Bargeld im Gefängnis verboten ist und sich kein anderer Eigentümer fand, wurde der Betrag seinem Entlassungsgeld gutgeschrieben. »Notgroschen für später, man weiß ja nie, was noch kommt, und Anspruch auf Rente hab ich auch nach zwanzig Jahren Maloche im Knast nicht«, kommentierte er die Fundsache lapidar.

Pannewig und Falkowski saßen während der Freistunde auf den unteren Steinen des Affenfelsens, der Platz weiter oben war dem Dritten im Bunde vorbehalten, Lorenz Ratajczak. Er war bei zahlreichen Einbrüchen der »Schränker« gewesen, wie man die Spezialisten für das Öffnen von Tresoren nennt – und zwar einer, der das mit »kalter Arbeit« schafft. Es gibt ja viele, die einen Safe mit einem Schweißbrenner oder einer Ladung Sprengstoff knacken können. Doch mit Stethoskop, geschultem Gehör und sensiblen Fingern die richtige Zahlenkombination zu erspüren, das können nur wenige. Der hochgewachsene, hagere Mann mit dem Vogelgesicht und dem immerwährenden Schalk im Blick hatte mit seinen neunundfünfzig Jahren zwar schon viel auf dem Kerbholz, aber nur wenig Flurschaden hinterlassen.

Er habe sich immer ausgesucht, was er mache und was nicht, erzählte er einmal in seiner pointierten, witzigen Art, als wir während der Sprechstunde ins Reden kamen: »Ich hatte nämlich Tresore, die lagen mir einfach nicht; vor allem diese modernen Kisten. Darum wollte ich alles vorher wissen, Modell, Baujahr, Standort, Alarmanlagen und so weiter.« Ähnlich penibel ging er bei der Auswahl seiner Opfer vor, denen die Tresore, der Schmuck oder das Geld gehörten. Sie mussten für ihn solvent genug sein, um für seine Performance in Frage zu kommen. »Man nimmt nicht von denen, die sowieso nix haben«, lautete einer seiner Glaubenssätze. »Das gehört sich einfach nicht. Aber von denen hat sowieso keiner einen Tresor zu Hause. Man nimmt von denen, die von allem mehr als genug haben. Das sind sowieso oft größere Verbrecher als wir, und meistens sind sie auch noch gut versichert.«

Es musste also vieles stimmen, damit Ralle, wie man ihn rief, überhaupt an Bord kam. Dann allerdings erwies er sich als Meister seines Fachs und ungemein cooler Akteur, der in der dritten Generation in diesem Gewerbe arbeitete, wie er nicht ohne Stolz betonte. Bereits der Vater, der Onkel und ein Großvater waren zwischen Duisburg, Oberhausen und Essen aktiv gewesen, immer mal wieder war einer von ihnen für längere Zeit weggeschlossen. Schon als Kind hatte Ralle an der Hand seiner Mutter den Vater im Knast besucht. Das hatte ihn nicht etwa abgeschreckt, im Gegenteil: Er habe früh erkannt, dass Gefängnisse genauso wie Arbeitsunfälle irgendwie zum Leben dazugehörten. Das erklärt wohl am ehesten, warum er immer gelassen und nie unglücklich wirkte.

Einmal hatte Ralle bei einem Bruch sogar beruhigend auf einen Bankangestellten eingeredet, der ihn und seine Kumpane im Tresorraum überrascht hatte, erzählte man sich. »Ach Gutster, du wirst hier doch auch nur mit Klimpergeld abgefunden«, soll er dem Mann sinngemäß bedeutet haben. »Also warum jetzt den Helden spielen? Setz dich da hin, guck weg und lass uns hier in Ruhe arbeiten, dann passiert dir auch nichts. Die Bank ist sowieso versichert.« Nicht laut und brutal, sondern geräuschlos und am besten noch mit einem gewissen Charme daherkommen, das war sein bevorzugter Stil, und damit hatte er Erfolg.

In Werl hatte er bei seinem zweiten Aufenthalt noch mal

rund acht Jahre abgemacht, das war für ihn in Ordnung so. Er versuchte keine faulen Nummern, machte niemandem Stress und blieb stets im emotionalen Gleichgewicht. »Von der Art können sie uns noch zwanzig auf jede Etage schicken«, hieß es unter den Justizbeamten in Haus B. Auch sie ließen nichts auf den eleganten Mann mit dem ausdrucksvollen Vogelprofil kommen. Und sie fühlten regelrecht mit, als er plötzlich an *Endangiitis obliterans* erkrankte, einer Gefäßverengung der unteren Extremitäten, die vor allem starke Raucher bekommen.

Von da an begegneten wir uns häufiger. Ich war Teil des OP-Teams, das ihm im Justizkrankenhaus das erste Bein in der Mitte des Oberschenkels amputierte. »Eine super Arbeit, Doc«, wie er später in Werl den chirurgischen Eingriff immer wieder lobte und dabei seinen Stumpf vorzeigte. Vielleicht kümmerte ich mich deshalb recht gerne um ihn, nachdem er kurze Zeit später ins Mutterhaus zurückgekehrt war, wie er den Knast in Werl zu nennen pflegte. Da war er schon beidseits oberschenkelamputiert, denn in Freiheit hatte man ihm auch noch das zweite Bein abnehmen müssen. Dennoch hatte er immer noch einen entwaffnenden Spruch auf den Lippen: »Mit den Füßen voran werdet ihr mich jedenfalls nicht hier raustragen, wenn es mal so weit ist.«

So wurde Lorenz Ratajczak zum ersten Rollifahrer in der Geschichte der Anstalt, und dass die bei ihrem Bau nicht eben als barrierefreie Einrichtung geplant worden war, durften wir nun bei jeder Gelegenheit feststellen. Allein für die zwei Stufen hinauf ins Behandlungszimmer der medizinischen Abteilung brauchte es zwei kräftige Krankenpfleger oder Mitgefangene, die mit anpackten. Nicht zu reden von den Gottesdienstbesuchen, auf die er weiterhin bestand, obwohl er nicht gläubig, geschweige denn gottesfürchtig war. Jeden Sonntag bugsierten ihn Beamte und Gefangene vereint die vierzig Treppenstufen hinauf in die Anstaltskirche und eine Stunde später wieder die vierzig Treppenstufen hinunter. Eine Vorzugsbehandlung, die nicht jedem zuteilwird.

Auch die Aufstellung am Affenfelsen während des Freigangs änderte sich. Ratajczak parkte jetzt seinen Rollstuhl unmittelbar vor den Gesteinsbrocken, während seine beiden ungleichen Kumpane in Augenhöhe von ihm rechts und links auf den unteren Steinen saßen. Sein angestammter Platz auf dem oberen Stein blieb demonstrativ leer. Der Ort blieb weiterhin ihr gemeinsames Revier; keiner der anderen Gefangenen drang ohne explizite Aufforderung darin ein. So wie in der Umkleide einer Bundesligamannschaft meist bestimmte Plätze den Führungsspielern vorbehalten sind oder man die ersten Reihen im Bayreuther Richard-Wagner-Festspielhaus für wichtige Ehrengäste frei hält. Besonderen Grund und Boden abzustecken, den nicht jeder betreten kann, ist eben allen Primaten ein vorrangiges Bedürfnis. Das lässt sich in einer Oper ebenso feststellen wie auf dem Hof einer Vollzugsanstalt.

Irgendwann war es so weit. Falkowski, Pannewig und Ratajczak verbüßten die letzten Wochen ihrer Haftstrafen in Werl. Vor dem Hintergrund hätte ich gern gewusst, was die drei alten Ganoven während der Freistunden und darüber hinaus so alles miteinander besprachen. Ob sie zum Beispiel verabredeten, weiter miteinander in Kontakt zu bleiben und sich draußen bald mal wieder zu treffen – zum Austausch von Neuigkeiten aus der Szene oder zu was auch immer. Denn was jetzt auf sie zukam, war ja nicht die leichteste aller

Übungen: mit über sechzig Jahren und nach so vielen Jahren im Knast wieder draußen zurechtzukommen.

Es mochten vermutlich dieselben Orte im westlichen Ruhrgebiet sein, die sie in Kürze wieder aufsuchen würden. Aber die Welt hatte sich weitergedreht, vieles hatte sich in der Zwischenzeit verändert. Man kommunizierte über Smartphones und über soziale Netzwerke, die Kriminellen hatten das Darknet entdeckt und im Baumarkt stand man an Scannerkassen, an denen man nicht mal mehr mit Bargeld zahlen konnte. Im Knast war zwar vieles fremdbestimmt, aber die Strukturen und Abläufe waren immer dieselben geblieben und deshalb vergleichsweise einfach zu verstehen.

Je näher das Datum der Entlassung heranrückte, desto verschlossener wurde das Trio. Vor allem Ratajczak, der den Anfang machen würde, beschränkte die Auskünfte über seine Zukunft auf das Notwendigste. Das war auch in den letzten, vorbereitenden Gesprächen mit den Mitarbeitern des Sozialdienstes und mit den Abteilungsbeamten nicht anders, in denen so konkrete Fragen besprochen werden müssen, wie: Um welche Uhrzeit er am Tag der Entlassung die Anstalt verlässt, ob ihn jemand abholt, man ihn zum Bahnhof bringen oder ihm ein Taxi bestellen soll, welche eingelagerten Gegenstände er aus seinem Besitz sofort mitnehmen will und was ihm an die neue Adresse nachgeschickt werden soll. Das alles sollte geklärt sein – und das ist bei einem auf einen Rollstuhl angewiesenen Insassen sicherlich von noch viel größerer Wichtigkeit –, bevor der Gefangene dann für die letzten zwei oder drei Tage in die sogenannte Abgangszelle verlegt wird, einen völlig anonymen Raum, in dem sich keiner eine Minute länger als nötig aufhalten will.

»Stell dir vor, was Ratajczak gesagt hat«, erzählte mir einer der Beamten in jenen Tagen. »Er habe, wie immer, alles längst selbst geregelt. Wir sollten uns um ihn keine Sorgen machen. Da käme eine junge, blonde Sportstudentin in einem Cabrio, die ihn abholen würde. Und wenn wir schön artig seien, dürften wir der auch mal auf den Hintern schauen, bevor sie abdüsen würden ...«

Es war dem alten Charmeur, der stets auf sein Äußeres achtete und nach wie vor eine große Ausstrahlung hatte, durchaus zuzutrauen, dass er einen würdigen Abgang zu organisieren verstand. Deshalb gab man sich mit seinen Antworten zufrieden.

Auf meinem Weg zur Arbeit, morgens gegen acht, sah ich ihn dann vor der Anstaltsmauer wieder. Er bot einen Anblick, den ich bis heute nicht vergessen habe. Gekleidet in einen frisch gebürsteten, hanseatisch-blauen Mantel mit Einstecktuch und einem Seidenschal um den Hals, saß er da im Rollstuhl neben den überdachten Stellplätzen für Fahrräder gegenüber der Pforte. Neben ihm türmten sich etwa fünf oder sechs Umzugskartons mit seinen Habseligkeiten. Er wirkte wie ein Reisender, der aus seinem Hotel ausgecheckt hat und nun vor dem Hoteleingang mit seinem ganzen Gepäck auf das Taxi wartet, das sich aber aus irgendeinem Grund verspätet hat.

Für mich war es eine günstige Gelegenheit, ihm noch mal das Beste für die Zukunft zu wünschen; wir waren immer gut miteinander ausgekommen. Ich fragte ihn auch, ob er an diesem trüben, nasskalten Novembertag wirklich hier draußen warten wolle. Ratajczak winkte ab: »Das kann ich schon aushalten, Doc. Und für das, was mich erwartet, lohnt es sich allemal, das sage ich Ihnen.«

Beim Schichtwechsel gegen halb zwei am Nachmittag berichteten die Krankenpfleger, die zur Spätschicht kamen, dass Ratajczak immer noch geduldig im Rollstuhl vor der Außenpforte ausharre. Und zum Arbeitsende der Büroangestellten und »Tagesdienstler« gegen sechzehn Uhr war er auch noch da, während Scharen von Vollzugsbediensteten an ihm vorbei in den Feierabend nach Hause strebten. Spitze Bemerkungen kommentierte er zunehmend bissig: »Kümmert euch um euch selbst. Ihr müsst morgen wieder da rein, ich nicht!«

Als er gegen Abend immer noch dasaß, wie bestellt und nicht abgeholt, und es darüber hinaus auch noch zu nieseln begann, bot sich irgendjemand an, ihn wenigstens weiter unter das Dach des Fahrradständers zu schieben und seine Kartons ins Trockene zu stellen – auch das ohne Erfolg.

Gegen einundzwanzig Uhr, als die Nachtschicht zum Dienst kam, musste allerdings eine Entscheidung her: freiwillig zurückkehren oder die Nacht in Regen und Kälte verbringen. Denn mit dem Nachtverschluss endet jedwede Bewegung von Gefangenen im Haus. Jeder ist dann auf seiner Zelle eingeschlossen, sämtliche Abteilungs-, Zwischen- und Außentüren werden hermetisch verschlossen, Waffen werden an die Kontroll- und Streifenbeamten verteilt, und nur wenige autorisierte Verantwortliche tragen Schlüssel bei sich. Da ließ Ratajczak sich endlich überreden und in die Abgangszelle zurückschieben. Am nächsten Tag fand man für ihn ein günstiges Hotel garni in der Nähe, zwei Beamte fuhren ihn mit einem Gefangenentransporter dorthin. Unterwegs musste er reichlich Spott über sich ergehen lassen: Er habe da ja eine richtige Traumfrau am Start, nur tauche Dulcinea im wirklichen Leben leider nicht auf. Sicher sei ihr was dazwischengekommen oder sie habe sich im Jahr vertan. Er solle bitte ein Foto von ihr dalassen, damit sie wenigstens wüssten, wie sie aussieht, nur für den Fall, dass sie doch noch käme und nach ihm fragte.

Drei Monate später ging auch Falkowski durch die Pforte, mit deutlich kleinerem Gepäck, und nicht lange danach folgte Pannewig. So verließen uns binnen eines halben Jahres drei Gefangene vom alten Schlag, die zusammen auf fast 190 Lebensjahre kamen; ein gutes Drittel davon hatten sie grob überschlagen hinter vergitterten Fenstern zugebracht.

Eigentlich waren sich alle, die sie kannten, ziemlich sicher, keinen der drei jemals wiederzusehen. Wer mit fünfundfünfzig plus aus dem Knast kommt, fährt in aller Regel nur ganz selten wieder ein. Das kann ich aus langjähriger Erfahrung sagen, das wurde aber auch durch eine Langzeitstudie bestätigt. Aber wie heißt es so schön: Nur weil etwas immer so war, muss es nicht weiter so bleiben.

Wie will einer im Rolli noch an Tresore rankommen? Was taugt ein Fassadenkletterer, der seit sieben Jahren nicht mehr höher gestiegen ist als auf seinen Stuhl in der Zelle? Und was versteht einer, der früher mechanische Türschlösser geknackt hat, von elektronisch codierten Sicherungssystemen? Irgendwann nagt der Zahn der Zeit an jedem. Man verliert den Anschluss, ist nicht mehr auf dem aktuellen Stand, und dann ist es eben vorbei, so hart das vielleicht klingen mag. Wer aus der Szene will dich da draußen noch kennenlernen, wer nimmt dich noch ernst, hört dir überhaupt mal zu? Eine vernichtende, aussichtslose Perspektive! In diesem Fall jedoch sollten sich alle in Werl ganz schwer täuschen, auch ich. Wir wussten es zu dem Zeitpunkt nur noch nicht besser.

Vierzehn Monate später rollte Ralle zur Überraschung aller wieder durch das große Eingangstor in Werl, um im Erdgeschoss von Haus B »sein klösterliches Apartment« zu beziehen, wie er es nannte, flankiert von zwei Beamten, die die Kartons mit seiner Habe schleppten. »Ich wollte mal kontrollieren, ob bei euch jetzt alles behindertengerechter zugeht«, flachste er und blieb noch mal sechs Jahre. So viel »Qualm« hatte er sich für eine Serie von Einbrüchen eingebrockt, an denen er nachweislich beteiligt gewesen war. Nicht viel später folgte Diamanten-Paule, offenkundig aus dem gleichen Grund. Und keiner von beiden machte den Eindruck, deshalb etwa schlecht drauf oder gar deprimiert zu sein.

Es fehlte nur noch Arno Pannewig, um das altbekannte Gruppenbild ohne Dame am Affenfelsen zu komplettieren. Der alte Auto-Nostalgiker war ebenfalls wieder verknackt worden, wie man von der Anstaltsleitung erfuhr. Irgendwo im Vollzugsapparat aber war entschieden worden, ihn zumindest vorerst nicht wieder mit seinen Kumpanen zusammenzulegen. Stattdessen wurde er in eine kleinere Anstalt im Sauerland verlegt.

So viel zeitliche Übereinstimmung erschien uns merkwürdig. Also informierten wir uns – und stellten schnell fest, dass die drei alten Routiniers sämtliche neuen Straftaten zwischen Mülheim, Essen und Bottrop gemeinsam begangen hatten: eine ganz besondere Bande, alter lupenreiner Einbrecheradel.

Und wir fragten uns, wie es gelungen war, einen beidseitig beinamputierten Rollstuhlfahrer bei den Raubzügen zu integrieren? Das war die vordringlichste aller Fragen, die mich bald in die Zellen von Falkowski und Ratajczak trieb. Keiner von ihnen hielt mit Einzelheiten darüber hinterm Berg, so dass ich mir die einzigartige Geschichte dazu nach wenigen Gesprächen ohne Probleme zusammensetzen konnte.

Alle drei hatten schon vor der Entlassung abgesprochen, dass sie in Kontakt bleiben. Außerdem hatten sie einen Treffpunkt ausgemacht: das Runde Eck in Altenessen, wo einschlägig bekannte Figuren aus der Szene verkehrten. Hier, bei Gerda, kippte das Trio manches Pils und wurde sich schnell einig, dass man noch mal ein Projekt starten müsse. Etwas, das spannender war, als in winzigen Sozialwohnungen herumzusitzen und nervigen Kindern fremder Leute beim Spielen zuzusehen.

»Jeder von uns kann ja was«, erklärte mir Ratajczak. »Jeder ist gut auf seinem Instrument. Das ist wie in einer Band – Gitarre, Schlagzeug, Bass. Da kam uns irgendwann der Gedanke, ein letztes Mal auf Tour zu gehen, nur wir drei ...«

Pannewig legte vor, er besorgte einen schneeweißen Opel Diplomat, Baujahr 1969, mit dunkelblauem Veloursdach und Weißwandreifen. Sicher nicht das unauffälligste Auto, aber das Modell kannte er im Schlaf; außerdem fuhr er das nun mal gerne. Dann bastelte Falkowski eine stabile Halterung aus robusten Lederriemen, ähnlich einem Rucksack, um den beinlosen Kumpan auf dem Rücken tragen zu können. So wurde er noch einmal der Untermann für einen echten Artisten: Er trug seinen Kumpel huckepack bis vor die Tresore; den Rest erledigte der wie eh und je allein.

»Wochenlang haben wir trainiert«, so Ratajczak. »Meistens zusammen, manchmal jeder für sich. Endlich hatten wir wieder ein Ziel vor Augen. Endlich tat sich was vor uns auf. Ich kann Ihnen kaum sagen, wie gut sich das auf einmal anfühlte.«

Dann der erste Auftritt: ein großes Hotel im Essener Süden. Lage und Bauart des Tresormodells hatten sie vorher gecheckt, alles lief wie am Schnürchen. Falkowski hievt Meister Ratajczak hoch, der kitzelt am Geldschrank die Kombination heraus, sie sammeln Bargeld und Wertsachen ein und schleppen ihn zusammen mit der Beute wieder in den Wagen, den Pannewig in der Dunkelheit schnell auf Touren bringt. Ein Ablauf, der einfach zu perfekt funktioniert hat, um es nicht noch mal zu probieren. Und noch mal und noch mal.

»Ob wir damit gerechnet haben, früher oder später erwischt zu werden?«, wiederholt Ratajczak später meine Frage. »Ich weiß es gar nicht mehr genau. Wer mit so einer auffälligen Karre unterwegs ist, muss ja schon damit rechnen. Aber so weit haben wir, ehrlich gesagt, gar nicht gedacht. Wir wollten das einfach auf unsere Weise machen, schnell, leise, elegant. Nicht so wie diese Stümper heute, die Riesenlöcher in die Wände sprengen und die Hälfte der Kohle verbrennen. Nein, einfach wieder ein bisschen was mit Niveau, dann und wann unterwegs sein, das reichte uns.«

Manchmal traf es einen Juwelier, manchmal einen Villenbesitzer, einmal einen Kunstgaleristen – alles Leute, die gut versichert waren, wie Ratajczak erneut betonte. Und irgendwann mittendrin kam auch der frühere Anwalt dran, der Falkowski seinerzeit so übel mitgespielt hatte. Sie hatten ihn in einer teuren Wohnanlage in Heisingen ausfindig gemacht, direkt über dem Baldeneysee, wo er inzwischen als Unternehmensberater reüssierte. Und sie hatten nicht nur jede Menge Cash, sondern auch den Schmuck seiner Frau aus dem Tresor geholt. »Dem fehlt jetzt was, was er angeblich nie hatte. Der hat weniger bekommen, als er verdient«, befand Falkowski.

Irgendwann aber hatte die Polizei den auffälligen Opel

Diplomat auf dem Schirm und schnappte die drei Ganoven. Damit war die große Abschiedstour für sie nach etwas mehr als einem Jahr in Freiheit wieder vorbei. Was folgte, war ihnen bestens vertraut: die öden Wochen in der Untersuchungshaft, die Verhandlung vor Gericht, die Urteilsverkündung und die erneute Einweisung nach Werl. Das ganze Theater.

»Vor zwanzig Jahren wäre mir das vielleicht noch aufs Gemüt geschlagen«, sagte Ratajczak fast amüsiert. »Aber dieses letzte Mal war mir das so was von egal, das können Sie sich gar nicht vorstellen. Was wir in diesen Monaten noch mal erlebt haben, kann uns sowieso keiner nehmen. Der Spaß, der Nervenkitzel, die Erlebnisse – das ist im Endeffekt viel mehr wert als die ganze Asche, die wir dabei gemacht haben.«

Die letzte Tour der Oldtimer war für die Juristen, die darüber zu befinden hatten, kein Kavaliersdelikt. Immerhin sprechen wir von einem halben Dutzend schwerer Einbruchsdelikte und einem Gesamtschaden im hohen sechsstelligen Bereich. Darüber kann kein Richter einfach so hinwegsehen, das versteht sich von selbst, gleichgültig, wie alt die Täter sind.

Als Arzt im Strafvollzug bin ich in erster Linie für das Wohlbefinden und die Gesundheit meiner Patienten zuständig. Vor diesem Hintergrund erlaube ich mir, heilsame Spätwirkungen zu erforschen. Ratajczak und Falkowski wirkten nach ihrer Rückkehr gelöster und friedfertiger als je zuvor. Sie hatten es allen, die ihnen das nicht mehr zugetraut hatten, noch mal gezeigt. Hatten vor dem Verderben noch mal geblüht, wie es in einem der grandiosen Gedichte von Gottfried Benn heißt, und fanden sich danach umso besser mit den Gegebenheiten ab. Die kannten sie ja zur Genüge.

Nach so vielen Knastjahren strebt die abschreckende Wirkung der Freiheitsstrafe ohnehin gegen null. Dann haben sich die Routiniers unter den Gangstern bestens an die Welt hinter den Mauern gewöhnt. Manchmal so gut, dass sie der Gedanke an die Entlassung im Zweifel mehr schreckt als die Aussicht auf weitere Haftjahre. So war es bei meinem ältesten Patienten, der insgesamt fünfzig Jahre in Werl abgemacht hat. Die Anstalt sei alles, was er kenne, erklärte er mir, und was da draußen ablaufe, sei ihm völlig fremd. Er war froh, bis zu seinem Tod in der JVA bleiben zu können.

»Der tut nix mehr«, sagen die Leute über ihren alten Hund, wenn er halb erblindet und fett neben ihnen hertrottet. Das ist fast immer beruhigend gemeint. Sie selbst aber wollen schon noch was erleben. Deshalb brechen sie mit über sechzig plötzlich in den Himalaya auf, beginnen ein Studium oder laufen ihren ersten Marathon. Oder sie fahren in einem alten Opel Diplomat herum, um sich in fremden Häusern an alten Geldschränken zu beweisen. Wenn's gelingt, kommt der Applaus fast von allein.

Für Ralle Ratajczak und Paul Falkowski wurde am Affenfelsen jedenfalls sofort wieder Platz gemacht. Sie waren im Ansehen der Gefangenen eher noch gestiegen. Irgendwann, nachdem im Erdgeschoss des Hafthauses 1 eine Abteilung für lebensältere Straftäter eingerichtet worden war, gesellte sich auch Arno Pannewig wieder dazu. So sah ich die drei vom Fenster unserer Krankenabteilung aus noch während vieler Freistunden zusammen auf dem Hügel sitzen, einträchtig wie drei Figuren aus einem Landschaftsbild: altes Eisen vor uraltem Stein.

Auf die Knochen

Die erfahrenen Vollzugsbeamten in unserem Knast haben eine wunderbare Sprachregelung dafür, wenn ein Gefangener völlig außer sich gerät und randaliert. Sie sagen dann: Da geht einer steil. Dieses Bild stammt aus dem Fußball, und jeder, der in so einer Situation keinen aktiven Part übernehmen muss, kann sie lustig finden. Wenn du als Arzt hinzugerufen wirst, fühlt sich das allerdings überhaupt nicht komisch an. Jedenfalls nicht im konkreten Moment.

Da sei gerade wieder einer steil gegangen, heißt es im Frühjahr 2008 in Werl, »so 'n Schwatter« aus Westafrika. Und zwar dermaßen, dass man ihn aus der Zelle rausgeholt und in den Bunker gesteckt habe. Damit ist der »besonders gesicherte Haftraum«, kurz: BgH, in der JVA gemeint. Wer dort aus disziplinarischen Gründen landet, muss täglich von einem Arzt auf seine körperliche und psychische Verfassung untersucht werden, denn bei dieser Maßnahme handelt es sich um einen massiven Eingriff in die Freiheitsrechte, über die auch ein Gefangener verfügt. Die meisten, die hier eingesperrt werden, sind körperlich aggressiv geworden gegenüber Mitgefangenen oder Bediensteten oder sind mit akuten Suizidhandlungen aufgefallen. Andere stehen im Verdacht, Drogen geschluckt oder in Körperöffnungen eingebracht zu haben, andere hatten Stress mit ihrem Spannmann auf der Zelle oder haben aus Frust über ablehnende Entscheidungen der Behörde ihre Haftraummöbel zerlegt oder rumgeschrien. Es gibt viele Gründe.

An diesem Vormittag gehört der Hausbesuch im BgH zu meinen Aufgaben. Es ist schließlich nicht so, als würde ich den ganzen Tag nur auf dem Hintern sitzen und darauf warten, wer alles zu mir in die Sprechstunde kommt. Auch Hausbesuche auf der Zelle gehören zur täglichen Routine.

»Aber Vorsicht Doc, der hat 'ne ganz kurze Lunte«, warnt mich einer der Beamten noch. Er und drei weitere, kräftige Kollegen begleiten mich bei der brisanten Visite. Sie sollen mich beschützen für den Fall, dass die Situation weiter eskaliert. Der weiße Kittel allein reicht da nicht. Bei erwartungsgemäß heiklen Begegnungen mit in der Regel sehr schlecht gelaunten und aggressiven Patienten bevorzugen wir die heilsame Wirkung einer beeindruckenden Überzahl. Wir werden also alle gleichzeitig hineingehen, und die Beamten werden dann eine Art Halbkreis um mich herum bilden. Auch kein wirklich angenehmer Job.

Der Bunker ist gegen fast jede Form von Vandalismus gesichert. Es gibt dort keinerlei Inventar, keinen Tisch und keinen Stuhl, und statt eines Betts nur eine Matratze, eine Matte, wie man sie aus der Turnhalle kennt. Sie liegt auf dem beheizten Boden. Außerdem ist im Boden ein französisches Klo aus Edelstahl eingelassen und fest verschraubt. Über zwei unter der Zellendecke in den Wänden rechts und links hinter Panzerglas eingebaute Kameras wird jede auffällige Bewegung des Untergebrachten rund um die Uhr registriert. Zwei doppelte, mit Schlössern und Riegeln gesicherte Türen führen in den kahlen Raum, beide breit und hoch genug, damit jeweils zwei Bedienstete nebeneinander eintreten können. Denn falls einer schon beim Eintritt angegriffen wird, kann der andere dann immer noch schnell reagieren. Es ist eine ausgeklügelte Architektur für den äußersten Fall.

Jeder Gefangene, der hier untergebracht wird, muss sich im Vorraum vollständig entkleiden – auch gegen seinen Willen. So soll verhindert werden, dass Rasierklingen oder andere gefährliche Gegenstände reingeschmuggelt werden, mit denen er sich oder andere verletzen könnte. Im Raum liegen frische Klamotten in Universalgröße, eine lange Unterhose und ein Unterhemd aus grauem, wenig reißfestem Nickistoff zum Anziehen bereit. Ein einfaches Bettlaken zum Zudecken komplettiert die textile Ausstattung. Die Trinkbecher, der Löffel und der Napf, aus dem der Gefangene isst, sind aus Pappe oder Gummi. Materialien, mit denen man niemanden ernsthaft verletzen kann.

Derek Adjei bekämpft niemanden. Der großgewachsene Mann im Bunker versucht allein durch seine imposante athletische Statur zu beeindrucken. Splitternackt steht er mitten im Raum, als wir eintreten; Kinn, Brust und Unterleib sind stolz vorgestreckt, die Arme über der Brust verschränkt. Die ganze Haltung und sein Blick sind eine einzige stumme, provokante Pose: Was wollt ihr Motherfucker? Kommt ruhig näher, wenn ihr euch traut!

Da baut einer aus dem wenigen, was ihm geblieben ist, eine letzte Burg. Das kann ich zwar irgendwie verstehen, aber wohl fühle ich mich nicht dabei. Ein weißer Mann im weißen Kittel, eskortiert von vier kräftigen Beamten, von denen zwei Plexiglasschilde am rechten Arm tragen, und ein nackter schwarzer Mann, allein und ohne irgendetwas. Fünf gegen einen: eine Begegnung maximaler Gegensätze. Es braucht vielleicht nur eine falsche Bewegung und schon knallt's. Also geht es mir zunächst mal darum, eine gewisse Normalität herzustellen.

Was denn los sei, beginne ich betont ruhig und frage ihn, ob er mir mal erzählen wolle, warum er hier gelandet ist. Dass er aus Ghana kommt, Mitte zwanzig ist und ganz gut Deutsch spricht, hat man mir zuvor schon berichtet.

»Das müssen Sie die fragen«, kommt es prompt mit einem vorwurfsvollen Blick auf die Umstehenden zurück. »Ich wollte nicht hierhin, in dieses Loch. Alles Nazi-Schweine!«

Darauf gehe ich erst mal nicht weiter ein, lieber fordere ich ihn freundlich auf, sich etwas anzuziehen, bevor wir weiter miteinander sprechen. Aber Mr. Adjei will sich nicht anziehen, und er will auch nicht sprechen; er zischt nur zweimal kurz: »Fuck you!«, und ist dann wieder stumm. Damit ist meine Visite beendet, wir rücken geschlossen ab. Er hatte seine Chance, ist aber offenkundig noch zu aufgebracht für ein vernünftiges Gespräch. Einsicht Fehlanzeige.

Am nächsten Tag komme ich erneut meiner Verpflichtung nach, den Mann im Bunker aufzusuchen. Der ist immer noch nackt, gefällt sich in der provozierenden Pose und verweigert sich weiterhin allen Angeboten. Immerhin beschimpft er uns nicht mehr.

Früher oder später wird jeder im BgH mürbe, das weiß ich aus Erfahrung, und auch das weiß ich: Es bringt nicht viel, jemandem gut zuzureden. Deshalb fällt mein Besuch wieder sehr kurz aus. Solange einer sich weigert, sich anzuziehen, bleibt er dort, wo er ist – im Loch. Bevor ich mit den Beamten hinausgehe, sage ich deshalb zu ihm: »Wenn Sie morgen immer noch nackt vor mir stehen, dann ziehe ich mich ebenfalls aus.« Damit wären wir dann auf Augenhöhe und sozusagen waffengleich in dem Spiel: Wer hat den längsten - Atem?

Ob ich ihn mit dieser Ankündigung überrascht habe, kann ich nicht genau feststellen. Immerhin hat er zum ersten Mal meinen Blick etwas länger erwidert. Ungläubig, zweifelnd und fast etwas belustigt schaut er mich an. In seinem Gesicht kann ich lesen: Das machst du nicht, das nehme ich dir nicht ab, leere Drohung. Der gleichen Ansicht sind auch die Vollzugsbeamten, die mich begleiten.

Am nächsten Tag steht er wieder nackt vor uns. Mir bleibt also nichts anderes übrig, als meine Androhung umzusetzen, denn wer nicht tut, was er sagt, der zieht im Knast den Kürzeren. Also ziehe ich zuerst meinen Arztkittel aus, dann mein Hemd und reiche beides einem der Beamten, der die Szene genauso fassungslos verfolgt wie der Patient. Erst als ich meinen Gürtel öffne und beginne, an den Hosenknöpfen zu nesteln, kann Derek Adjei plötzlich sprechen.

»Stopp, stopp, Mann!«, ruft er, streckt dabei die Hände wie zur Abwehr nach vorne und schlüpft im nächsten Moment in die Hose seines Schlafanzugs.

Für mich das Signal, schnell wieder Hose und Gürtel zu schließen und mein Hemd überzuziehen. Selbstverständlich bin ich auch erleichtert. Adjei fängt an zu lachen, alle anderen lachen auch. Entspannung folgt Fassungslosigkeit, der Knoten hat sich gelöst.

Von da an schlägt Derek einen anderen Ton an. »Ich habe ja nichts gegen Sie«, beteuert er.

»Dann sollten wir mal reden«, sage ich. »Sonst kommen wir hier nicht weiter.«

Derek beginnt zu reden, so viel wie noch nie, seit er einen Monat zuvor hier angekommen ist, um seine zweijährige

Haftstrafe wegen unerlaubten Drogenbesitzes und Drogenhandels anzutreten. Womit er leider ein Klischee erfüllt: Noch so einer aus Westafrika, der in seinem Bauchladen an Bahnhöfen und in Clubs die bunten Pillen und die Bubbles mit Braunem und Weißem anbietet. Ecstasy und Haschisch, Heroin und Kokain, das weiße kolumbianische Marschierpulver.

Er werde von »Rassisten« und »Nazis« verfolgt, schimpft Derek, die machten ihm in diesem beschissenen Land nur Ärger. Erst da draußen, in der Kölner City, und jetzt auch noch im Knast. Das alles nur, weil er aus Afrika sei, was keinem in Europa gefalle. Niemand gebe ihm hier eine ehrliche Chance. Die gesamte Batterie der Vorwärtsverteidigung, wie ich sie von einem Kleindealer in seinem Alter nicht anders erwarte. Ich lasse die Vorwürfe an mir abperlen, vielleicht kommt ja noch etwas anderes. Der zornige junge Mann kriegt sich allmählich wieder ein, und endlich erfahre ich, warum er so schlimm ausgerastet ist.

Es ging um eine Dose Kakaobutter, die Derek sich von einem Buddy im Knast besorgen ließ. Eine handelsübliche Körpercreme aus einem Afro-Laden, mit der er sich seine trockene Haut einreiben wollte. Aber als die Beamten die Dose auf seiner Zelle entdeckten, nahmen sie sie ihm sofort ab. Weil das ein nicht genehmigter Gegenstand sei, wie das hier in der Amtssprache heißt, in dem sonst was versteckt sein könnte. Da ist Derek Adjei die Sicherung durchgebrannt, er schimpfte, gestikulierte wild und ging auf die Beamten los.

So was ist nicht zu entschuldigen, aber manchmal sogar nachzuvollziehen. Wer neu ins System Knast gerät, den trifft die fremdbestimmte Welt darin wie ein Schock. Von einem Tag auf den anderen darf man über viele Abläufe und alltägliche Dinge nicht mehr frei, sondern nur sehr eingeschränkt verfügen. Ständig werden einem Grenzen aufgezeigt, überall muss man sich an Vorgaben halten, und alles wird kontrolliert. Es dauert viele Monate, manchmal Jahre, bis man sich darauf besser einzulassen versteht. Richtig abfinden tut man sich damit nie.

Dem jungen, haftunerfahrenen Gefangenen muss ich erst mal erklären, dass er auf keinen Fall schneller an seine Hautcreme kommt, wenn er seinem Abteilungsbeamten Stress macht: »Der wird die Cremedose erst wieder rausrücken, wenn er gecheckt hat, dass darin nichts versteckt ist, und ihm ein Verantwortlicher für Sicherheit und Ordnung schriftlich genehmigt, dass Sie diese Dose auf der Zelle haben dürfen. So läuft das hier. Kapier'n Sie das endlich und kriegen Sie sich wieder ein.«

Ich hätte es selbst kaum für möglich gehalten, aber die klare Ansprache funktioniert. Derek flucht in einer afrikanischen Sprache zwar noch leise vor sich hin, als wir ihn mit seinem Frust allein zurücklassen. Wenige Stunden später aber hat er sich mit allem abgefunden und so weit beruhigt, dass die Vollzugsbeamten ihn aus dem BgH lassen und zurück auf seine Zelle bringen. Endlich! Jetzt kann auch ich in Ruhe darüber nachdenken, was das für eine seltsame Begegnung war.

Dass ein Gefangener sich weigert, etwas anzuziehen, wenn man ihn in den monitorüberwachten Haftraum steckt, provozierend vor der Kamera herumturnt, onaniert, gegen Wände pinkelt oder mit Scheiße wirft, habe ich oft genug erlebt, aber noch nie einen Gefangenen, der mit seinem nackten Körper protestiert und dabei wie einer seiner Vorfahren auftritt, die an der Goldküste Afrikas von Portugiesen, Franzosen und anderen europäischen Kolonialisten zusammengetrieben, nach Amerika verschifft und dort verkauft wurden. »Stumm und stolz wie Kunta Kinte in der berühmten TV-Serie ›Roots‹. Das habe ich bis dato noch nicht gesehen«, erkläre ich einem der Beamten, die mich auf meinen Visiten begleitet haben. Leider habe ich mir für tiefgründige Reflexionen den Falschen ausgesucht.

»Für den ist das wahrscheinlich nix Neues«, kommt es prompt zurück. »Die springen bei sich da unten ja alle nackt rum. Kein Wunder bei den Temperaturen, die die da haben.«

Das nächste Mal sehe ich Derek Adjei auf einem der Sportplätze in den Freistundenhöfen zwischen den Häusern und Arbeitsbetrieben der Anstalt. In T-Shirt, Trainingshose und Joggingschuhen hat er sich unter die Fußballgruppe gemischt. Ein bunter, multikultureller Haufen, in dem er mir sofort auffällt, weil er einer der jüngsten und offenbar der mit Abstand beste Spieler auf dem Platz ist. Das kann ich schon nach wenigen Augenblicken erkennen, ohne Experte zu sein.

Seine geballte Energie bekommt im Spiel etwas Federleichtes, beinahe Tänzerisches. Mit traumwandlerischer Sicherheit nimmt er Bälle aus der Luft an, führt sie, als klebten sie an seinen Füßen, und geht damit sofort ins Tempodribbling. Oder leitet Zuspiele ohne hinzuschauen direkt weiter; volley, per Außenspann, mit der Hacke. Und netzt wie nach Belieben ein, wenn er genug Gegenspieler umkurvt hat. Da spielt ein Artist Katz und Maus mit Männern, die sich eher schwerfällig abmühen. Ein Jungprofi unter lauter Freizeitkickern.

Aber eine falsche Bewegung reicht und der Zauber ist vorbei. Adjei lässt mit schmerzverzerrter Miene vom Ball ab, hält sich mit einer Hand den Rücken, humpelt vom Feld und legt sich mit angezogenen Beinen auf den Rasen hinter der Seitenlinie. Da bleibt er mit geschlossenen Augen liegen und bemerkt mich erst, als ich neben ihm in die Hocke gehe.

»Hallo, das war ja eine beeindruckende Demonstration«, beginne ich. »Sie haben es aber wirklich drauf. So was habe ich hier, ehrlich gesagt, noch nie gesehen.«

Nur ist Derek Adjei offenbar nicht in der Stimmung, sich über meine Komplimente zu freuen. Dass er das Spiel abbrechen musste, setzt ihm schwer zu. Was für ein abrupter Wechsel war das aber auch: erst das verblüffende Feuerwerk, dann die Vollbremse. Weil sein so robust wirkender Körper nicht mehr mitspielt, wie er mir erklärt, als er wieder bei Atem ist und der Schmerz nachlässt. Sonst wäre er doch niemals hier gelandet, auf dem Sportplatz einer JVA, sondern auf dem Trainingsgelände eines großen Clubs, »and that's for sure. You can believe.«

Das kommt mir nach allem, was ich gerade gesehen habe, nicht mal übertrieben vor. Schon deshalb will ich mehr von ihm wissen. Jetzt hockt da nicht mehr nur der windige Drogendealer, sondern auch ein begnadetes Fußballtalent vor mir. Wenn ich ihm glauben darf, ist das auch der Grund gewesen, warum er mit knapp vierzehn Jahren nach Deutschland kam. Im Schlepptau eines dreimal so alten Scouts aus dem Rheinland, der ihn in Ghana entdeckt und gleich nach Deutschland geholt hat – mit Zustimmung der Eltern. »Aber das Geschäft mit dem Fußball ist eben schmutzig«, sagt Derek. »Das habe ich hier schon bald lernen müssen.«

»Schmutzig? Inwiefern schmutzig?«

Ich will es genauer wissen.

Na ja, das sei eben so. Wenn ich mehr dazu wissen wolle:

Seine Adresse in der Anstalt sei ja bekannt, holy shit. Mit diesen Worten stakst er davon, angeschlagen und unzufrieden.

Drei Wochen vergehen, bis ich wieder mal an seiner Zelle vorbeikomme. Weil sie offen steht und er mir auf meinen fragenden Blick seine Zustimmung signalisiert, trete ich ein. Es wird der erste von mehreren Besuchen, die ich ihm abstatte, denn hier, zwischen den Fotos von seiner Familie, von afrikanischen Fußballstars und goldkettenbehangenen Rapmusikern, will ich alles hören. Die ganze, verdammte Geschichte.

Eines Tages für die Black Stars spielen, die Nationalelf Ghanas, und dann nach Europa in eine der absoluten Top-Ligen gehen, das ist der Traum von Derek Adjei, schon von Kindesbeinen an. Da hat er noch auf den staubigen Straßen einer armseligen Siedlung am Rande von Kumasi, der Zwei-Millionen-Stadt im Süden, den Ball vor sich her getreten. Er kickt ständig, mit Freunden auf der Straße und in einem Vorortverein. Als er gerade vierzehn geworden ist, wird er auf einem Juniorenturnier von einem Scout gesichtet. Dieser wiederum empfiehlt ihn einem deutschen Spielervermittler. Ein paar Monate später landet der Youngster im Rheinland. Er wohnt nun bei einer Gastfamilie in Monheim und trainiert in der C-Jugend eines rheinischen Bundesligisten.

Afrika, das ist für viele der kommende Kontinent im Fußball, ein schier unerschöpfliches Reservoir an hervorragenden Spielern, die außerdem viel günstiger sind. Fußballer wie Didier Drogba, Michael Essien oder Samuel Eto'o haben es vorgemacht. Sie sind bereits zu Stars der stärksten Ligen Europas aufgestiegen. Bezahlte und selbsternannte Scouts, Berater und Manager sichten daher den Nachwuchs der afrikanischen Vereine und Verbände, besuchen die Bolzplätze zwischen Tanger und Maputo oder hocken zu Dutzenden auf den Tribünen beim Africa Cup, immer auf der Suche nach einem Schnäppchen. Es herrscht Goldgräberstimmung.

Zunächst sieht es ganz danach aus, als wäre das Glück auf Dereks Seite. Mit seinen Jugendmannschaften kickt er in der höchsten Spielklasse und wird einmal deutscher Juniorenmeister. Schon mit siebzehn trainiert er regelmäßig mit dem Bundesliga-Kader. Nur sein Rücken macht ihm immer häufiger Probleme. Als käme die Wirbelsäule mit dem Tempo der Entwicklung nicht ganz mit. Immer wieder fällt der Offensivspieler für Wochen, ja Monate aus. Das ärgert nicht nur ihn, sondern auch Bernd von der Heydt. So heißt sein Berater, früher selbst mal ein Zweitliga-Profi, der ihn nicht uneigennützig nach Deutschland geholt hat.

Bernd sei am Anfang wie ein guter Onkel zu ihm gewesen, erzählt Adjei. Habe sich um die Gastfamilie gekümmert, um die Sprachkurse und den Fahrservice zum Training. Was Bernd ihm sagte, sei für ihn Gesetz gewesen. Dann wurde ein Bandscheibenvorfall bei ihm festgestellt und als Ursache seiner immer wiederkehrenden Beschwerden und häufigen Ausfälle diagnostiziert. All die Physiotherapien, Tabletten und Spritzen hätten ihm nicht wirklich geholfen, immer wieder habe er das Training abbrechen müssen, sei er mit Schmerzen vom Platz gegangen oder deshalb früh ausgewechselt worden. Ausgerechnet jetzt, wo er seinem Ziel so nahe war wie noch nie. Deshalb habe Bernd ihm irgendwann geraten, sich einem kleinen, chirurgischen Eingriff an der Bandscheibe zu unterziehen. Er meinte, das sei das Beste für ihn, dadurch ließe sich seine angeknackste Wirbelsäule reparieren und danach sei er endlich wieder fit.

Tatsächlich ging es ihm nach der Operation besser, aber kaum hatte er wieder mit dem Training begonnen, kehrten die Beschwerden erneut zurück. »Ohne Painkillers«, so Derek, »konnte ich gar nicht mehr spielen. Aber Bernd sagte: ›Andere spielen auch mit Painkillers, so what.‹«

Eine Zeitlang ging das gut; so gut, dass der A-Jugendliche in die Mittelrhein-Auswahl berufen wurde. Jemand im Verband riet ihm sogar, für alle Fälle schon mal einen deutschen Pass zu beantragen, er sehe ihn auf dem Weg in die Jugendnationalmannschaft. Ein halbes Jahr später aber, kurz vor seinem neunzehnten Geburtstag, wurde Derek Adjei nach einer weiteren Operation endgültig aus dem Spiel genommen. Wegen einer aseptischen chronischen Entzündung musste seine Lendenwirbelsäule über mehrere Wirbelkörper hinweg versteift werden, er durfte sie für unabsehbare Zeit nicht groß belasten. Derek ist Sportinvalide, und Bernd von der Heydt, den Namen spricht er mit Bitterkeit aus, hat von da an keine Zeit mehr für ihn. Wimmelte ihn ab, wenn er anrief, oder vertröstete ihn auf unbestimmte Zeit. Er hatte schon wieder zwei neue Junioren aus Afrika am Start, um die er sich kümmern musste.

Der Traum von der großen Karriere war geplatzt, und einen Plan B gab es nicht. So wurde Derek bald eine Nachtgestalt. In den Afro-Clubs am Kölner Barbarossa-Platz verkaufte er sich als Fußballprofi, der sich gerade eine Auszeit gönnt und lieber Salsa tanzt. Ab und zu nahm ihn eine Frau, öfter weiß als schwarz, mit nach Hause, was Ernsteres wurde daraus nie. Dann entdeckte er Mittel, die noch besser als seine Painkillers wirkten. Man kann sie durch die Nase ziehen, auf dem Blech rauchen oder einwerfen, um die ganze Nacht durchzutanzen; man kann sie aber auch an andere verkaufen, wenn einem das Geld ausgeht. Polizisten beschuldigten ihn des Drogenhandels und setzten ihn eine Nacht lang dafür fest. Und noch eine Nacht und noch eine – bis seine Gastfamilie in Monheim ihn schließlich rauswarf. Sie hatten genug von ihm und den Polizeiwagen, die zuletzt viel zu oft vor dem Haus parkten.

»Was haben Sie Ihrer Familie und den Freunden in Kumasi erzählt?«, möchte ich von ihm wissen. »Dass hier in Deutschland alles okay ist und Sie bald zu den Profis wechseln?«

»Natürlich«, sagt Derek, »genau das.« Wie viele Siege und wie viele Tore habe er bei den Telefonaten nach Hause nicht erfunden, Tore, die er nie geschossen, und Siege, die er nur noch als Zuschauer auf der Tribüne mitgefeiert habe. Wie viele Fotos habe er per Handy rübergeschickt, die ihn mit dem einen oder anderen Star von Bayer Leverkusen oder dem 1. FC Köln zeigen. Fotos, für die er extra zum Training der Profi-Mannschaften gegangen sei und sich vorher im Fan-Shop Trikots mit seinem Namenszug auf Brust und Rücken besorgt habe. Ab und zu habe er auch noch Geld nach Hause geschickt, um zu zeigen, wie gut es ihm hier geht. »Meine Leute wollen mit mir hoffen«, sagt er. »Und ich muss ihnen Hoffnung geben. Ich kann doch nicht als Krüppel nach Ghana zurück. Ich muss hierbleiben, und ein bisschen habe ich trotzdem gehofft, immer wieder.«

Wie zum Beispiel nach einem Telefonat mit Bernd. Der meldete sich plötzlich doch noch mal bei ihm, erkundigte sich kurz nach seinem Befinden und bat ihn dann darum, die Woche drauf in eine Arztpraxis im Kölner Süden zu kommen. Da sollte eine Serie von MRT-Aufnahmen gemacht werden, nur mal zum Test. Der Aufwand lohne sich, Derek bekomme ihn zudem gut bezahlt. Er solle sich auf Bernds Kosten ein

Taxi nehmen, um ja pünktlich zu sein. Alles Weitere erfahre er vor Ort.

Geht da vielleicht doch noch was? Derek konnte nur rätseln. Vielleicht wollen die sich doch noch mal um meinen Rücken kümmern, vielleicht hat ein anderer Arzt eine neue Idee, wer weiß, dachte er. Aber aus welchem Grund sollte er Geld für den Termin bekommen?

Nachdem sein Körper von den Knöcheln bis zur Hüfte rauf gescannt worden war, drückte ihm Bernd zwei 500-Euro-Scheine in die Hand. Dazu klopfte er ihm hastig auf die Schulter: Er sei heute im Stress, habe jetzt keine Zeit, wie immer viel zu tun. »Ich bestell dir noch 'n Taxi«, sagte er zum Abschied. »Dann bist du schneller zu Hause. Wenn ein Spezialist die Aufnahmen gesehen und ausgewertet hat, ruf ich dich an, dann reden wir ausführlicher, okay? Also mach's gut und bis die Tage.«

Tausend Euro für einen zeitlichen Aufwand von dreißig Minuten. Nicht schlecht, aber Aufnahmen von seinem Rücken waren nicht gemacht worden. Derek hatte die Prozedur schon einige Male über sich ergehen lassen, wusste nicht, wie er das verstehen soll. Er blieb noch einige Minuten an der Rezeption stehen – und sah deshalb zufällig, wie Bernd und zwei Ärzte einen anderen schwarzen Spieler in Begleitung einer ganzen Entourage durch einen Seiteneingang diskret aus der Praxis führten. Das ist doch Arouna, der zwanzigjährige Spieler von der Elfenbeinküste, der in der Zweiten Liga gerade als beidfüßiger Innenverteidiger geglänzt hat.

Wenige Tage später machte in der Fußballszene ein spektakulärer Transfer die Runde: Arouna ist zur nächsten Saison für eine Ablöse von vier Millionen Euro und ein paar Nebengeräuschen von einem Traditionsverein aus dem Ruhrgebiet verpflichtet worden. Die Vereinsoberen hätten dessen Weg schon länger verfolgt und seien sich mit ihm und seinem Berater bereits weitgehend einig gewesen, hieß es. Man habe nur die sportärztliche Untersuchung abwarten wollen, bevor man den langfristigen Vertrag unterschrieb. Das war ein schönes, einträgliches Geschäft für Bernd von der Heydt, der als Berater seine fetten Prozente von der Ablösesumme und allen Nebenabreden kassieren würde.

Die tausend Euro, die Derek eingenommen hatte, waren dagegen schnell verbraucht. Von seinem väterlichen Berater, der sich melden wollte, hörte und sah er nichts mehr.

Die Magnetresonanztomographie, kurz MRT, ist in der sportmedizinischen Diagnostik inzwischen der Goldstandard. Weil sie die Struktur des Gewebes von Muskeln und Bändern, von Sehnen, Menisken und Gelenkflächen am besten darstellt, sind diese Scans das aussagefähigste Indiz für akute Schäden und chronischen Verschleiß. Hier zeigt sich, ob und wie schwer ein Kreuzband, ein Meniskus oder ein Gelenkknorpel eingerissen oder sonst wie geschädigt ist. Wer eventuell für Millionen verpflichtet werden soll, um als Lizenzprofi Fußball zu spielen, muss gerade diesen Teil der medizinischen Untersuchung ohne allzu auffällige oder negative Befunde überstehen. Schäden mindern den Preis – oder verhindern, dass der Deal zustande kommt. Wer kauft schon gern ein wandelndes Risiko?

Heute sind viele röntgenologisch-orthopädische Gemeinschaftspraxen gleich mit mehreren MRT-Geräten ausgestattet. Sie verfügen über mehrere Scanner, mehrere leistungsstarke Rechner und zahllose Monitore. Damit können bei Bedarf zwei oder drei Patienten parallel untersucht werden, kann sich ein Arzt gleichzeitig die digitalisierten Daten von verschiedenen Patienten aufspielen und schon betrachten, bevor er die Ergebnisse nach Abschluss der Untersuchung auswertet. Dabei sind Verwechslungen im Prinzip ausgeschlossen – es sei denn, man führt sie absichtlich herbei. Ein kurzer Switch, zwei, drei Mausklicks, eine veränderte Zuordnung des Datensatzes, schon sind die Aufnahmen miteinander vertauscht. Das fällt mir spontan ein, als ich Derek Adjei zuhöre. »Vielleicht haben die Ihre Beine gebraucht, um sie gegen zwei andere auszutauschen«, sage ich ihm. »Dafür wären tausend Euro tatsächlich nicht zu viel. Wenn man überlegt, um welche Summen es heute bei solchen Transfergeschäften geht.«

»Genau das ist auch passiert«, bestätigt Derek. »Nur habe ich das erst Wochen später gecheckt.« Genauer gesagt: Als die Nachrichten verbreiteten, dass Arouna sich in einem Testspiel zur Saisonvorbereitung verletzt habe. Als Folge wurde ein nicht näher bezeichneter Knorpelschaden im linken Knie attestiert. Nach Schätzungen der Vereinsärzte dürfte es mehrere Monate dauern, bis er für seinen neuen Club auflaufen kann. In der Online-Ausgabe des *Kicker* ist ein Foto dazu erschienen. Es zeigt den jungen Spieler, der sich in irgendeiner Reha-Klinik von einem zuversichtlich dreinschauenden Physiotherapeuten das Knie beugen lässt.

»Ein Ghana-Mann denkt niemals böse«, so Derek. »Aber dann hab ich eine Ahnung davon bekommen, was da gelaufen sein kann.«

Aus der Vorstellung wird Gewissheit, nachdem er eines Samstags im Ebony auf Silvia stößt: eine sportlich-schlanke, attraktive Frau um die dreißig, eine medizinisch-technische Radiologieassistentin (MTRA), die zum Ausklang einer anstrengenden Arbeitswoche gern mal Salsa tanzt. Sie hat hinter einem der Monitore gesessen, als Derek in der Praxis war, und ihn wiedererkannt. Sie spricht ihn gleich bei ihrer ersten Begegnung an. Nach dem zweiten Date landen die beiden in ihrer geschmackvoll eingerichteten Dachgeschosswohnung im linksrheinischen Stadtteil Klettenberg und sehen sich von nun an häufiger. Es entwickelt sich eine leidenschaftliche Affäre, und ganz nebenbei hat Derek auch noch sein Übernachtungsproblem für die Wochenenden in Köln gelöst. Gegenseitig erzählen sie sich ihre Geschichten, von geplatzten Träumen und von dem, was sie sich für die Zukunft alles erwarten.

Irgendwann beim Frühstück habe ihm Silvia gestanden, so Derek weiter, dass sie an besagtem Tag vor sechs Monaten an einem Täuschungsmanöver mitgewirkt hat: Eben mal eine falsche Kennung eingegeben und mit einem Klick den Datensatz vertauscht, schon war das Problem gelöst. Sie habe das damals für Bernd getan, in den sie da noch sehr verliebt war und der ihr so viel versprochen habe: die Verlobung, einen Urlaub auf den Seychellen, eine Saisonkarte für den VIP-Bereich im Müngersdorfer Stadion, wo die Prominenten und die Spielerfrauen verkehren, und obendrauf noch für die kleine Gefälligkeit »Cash inne Täsch«, das Geld für eine neue Louis-Vuitton-Tasche. Genau so eine, wie ihr Chef sie seiner Frau zum Geburtstag geschenkt habe. Die sei gleich tags darauf damit in der Praxis aufgelaufen und habe jedem, selbst denen, die sie nicht darauf ansprachen, sofort auf die Nase gebunden, dass sie den Gegenwert eines Mittelklassewagens an der Schulter trägt. Dabei habe doch jeder in der Praxis gewusst, dass die arrogante Zicke mit ihren Immobiliengeschäften gerade grandios gescheitert war. Teurer falscher Schein.

Tatsächlich geliefert wurden Silvia aber nur tausendfünf-
hundert Euro in bar. Als sie auf die Einlösung der übrigen
Versprechen gedrängt habe, sei ihr gleich zweimal gekündigt
worden: Zuerst von Bernd, später auch noch durch ihren
Chef. Die beiden seien ganz dicke miteinander, und so eine
getürkte Nummer wie zuletzt hätten beide möglicherweise
nicht das erste Mal gedreht.

Auf diese Weise sind plötzlich beide aus dem Spiel genommen worden, und manchmal erwächst aus so einer zufälligen
Symbiose, aus Frustration und Neid, eine gefährliche Energie. Dann werden zwei sich schnell einig, dass das Schicksal
ein mieser Verräter ist – und sie sich nur behaupten können,
wenn sie wenigstens einmal das riskieren, was alle andern
dauernd tun. Zwei enttäuschte Seelen, die sich zu einem kühnen Plan hochschaukeln und dabei alle Skrupel verlieren: Sie
wollen Bernd erpressen, um eine angemessene Beteiligung
an seinem Deal zu erhalten. Der hat mit ihrer Mitwirkung
schließlich eine halbe Million, wenn nicht noch mehr, verdient und ist ihnen noch etwas schuldig.

Fünfzig Riesen für sie, fünfzig Riesen für ihn, so viel wollten sie von Bernd fordern, erzählt Derek. Für den Fall, dass
der sich querstellen sollte, würden sie zu einem Boulevardblatt gehen und erzählen, wie er und seine Helfershelfer die
Vereine reinlegen. Dann aber habe er Muffensausen bekommen, erzählt Derek weiter. Die Bullen hätten ihn ohnehin
schon im Visier gehabt, und er wollte nicht riskieren, wegen
noch mehr Vorstrafen oder sogar einer Verurteilung wegen
Erpressung irgendwann abgeschoben zu werden. Außerdem
habe er immer öfter das Gefühl gehabt, dass Silvia nur noch
mit ihm zusammenblieb, weil er in ihrem Plan eine wichtige
Rolle spielte. Dass sie sich ein gemeinsames Leben mit ihm

vorstellen könnte, hatte er längst aufgegeben zu glauben. Silvia träumte von einem Leben als Spielerfrau oder an der Seite eines anderen reichen Kerls. So viel war klar.

Hinzu kam, dass seine Geschäfte mit Designerdrogen und Koks allmählich immer besser florierten. Er hatte andere, die für in arbeiteten, und konnte sich in die zweite Reihe zurückziehen, wo es sicherer ist. Es ging ihm gut, warum sollte er unnötig mehr riskieren? Außerdem habe er schon als Schuljunge in Ghana gelernt, dass man sich mit den Mächtigen und Einflussreichen besser nicht anlegt. Nicht in den Vierteln, wie er sie kennt, die von Clans kontrolliert werden; nicht an den Ecken, wo Polizei und Militär das Sagen haben. Wie habe sein Vater gesagt: »Eine Antilope soll den Löwen niemals angreifen, sondern fliehen.«

Welche stichhaltigen Beweise hatten sie denn auch schon? Und wer würde einem schwarzen Junkie und einer frustrierten Arzthelferin mehr Glauben schenken als einer Gruppe weißer Geschäftsleute mit allerbestem Leumund, die sich noch nie etwas hatten zu Schulden kommen lassen? Zudem über die allerbesten Kontakte und die ausgeschlafensten Anwälte verfügten: Wie würden die wohl zurückschlagen, wenn sie unter Druck gesetzt werden?

»Bernd ist nicht gefährlich«, so Derek. »Aber er kennt Leute, die gefährlich werden können.«

Dem sonst so coolen Derek wurde die Sache zu heiß, doch Silvia wollte ihr Ding endlich durchziehen. Eine ganze Woche lang kam es deshalb zwischen ihnen zum Streit. Schließlich warf Silvia ihren Lover raus. »Du wirst schon noch sehen, dass ich das auch ohne dich schaffe«, rief sie ihm nach, und überhaupt würden sich da viele wundern, wozu sie so alles imstande sei. Das ist nach Dereks Überzeugung ihr Fehler gewesen. Ein Fehler, den sie im Nachhinein nicht mehr korrigieren kann.

Er sei dann in ein eigenes Apartment nach Köln-Deutz gezogen, erzählt Derek, und habe von Silvia nichts mehr gehört. Kurz vor Weihnachten wollte er aber mal sehen, was sie so macht. Im Ebony war sie schon seit Wochen nicht mehr aufgetaucht, auf seine SMS hatte sie nicht geantwortet. Vor ihrer Wohnung in Klettenberg sagten ihm Nachbarn, dass Silvia nicht mehr hier wohne. Nicht hier und auch nicht anderswo. Sie sei am Abend vor Halloween vom Balkon gestürzt, als sie dort eine Girlande mit leuchtenden Plastikkürbissen anbringen wollte, und auf dem Weg zur Uni-Klinik gestorben.

Eine Woche lang sei die Wohnung versiegelt geblieben, weil die Polizei ermittelte, ob vielleicht jemand nachgeholfen hat. Am Ende aber war nur von einem tragischen Unglück die Rede. Eine Blutprobe, so hatten es die neugierigen Nachbarn von den Polizisten erfahren, hatte wohl ergeben, dass Silvia nicht unter Alkoholeinfluss stand.

Auf diese Weise ist nicht Bernd von der Heydt, sondern seine ehemalige Freundin doch noch auf die Seite eines Boulevardblatts gekommen. Nicht auf die Titelseite, so wie Silvia sich das vorgestellt hatte. Den kurzen Artikel, eher eine Randnotiz auf der letzten Seite, hatte Derek nicht sofort gesehen. Jetzt hielt ihm den einer der Nachbarn unter die Nase. »Tragischer Unfalltod an Halloween: Junge Frau stürzt aus dem vierten Stock.«

Wer oder was ist also verrückter: ein zorniger, nackter Mann im Keller einer JVA oder die Welt um ihn herum? Derek Adjei schaut sich abends nach Einschluss auf seiner Zelle immer noch Fußballspiele im Fernsehen an. Zum Beispiel das Champions-League-Finale im Mai 2008 zwischen Manchester United und dem FC Chelsea, wo gleich drei afrikanische Profis auflaufen: Michael Essien aus Ghana sowie Didier Drogba und Salomon Kalou von der Elfenbeinküste. Drei, die es geschafft haben und erfolgreich Fußball spielen, auch wenn sie dabei Woche für Woche auf die Knochen kriegen.

So begeistert wie früher ist Derek nach eigener Aussage jedoch nicht mehr bei der Sache. Dafür habe er zu viel von den dunklen Seiten des Geschäfts kennengelernt. So viel Druck, wie er sagt, so viele krumme Geschäfte, und wer nichts mehr bringt, der werde einfach aussortiert und links liegen gelassen. Er ist weiter fest davon überzeugt, dass Silvia nicht von allein vom Balkon gestürzt ist. Sie habe ihm mal erzählt, dass sie bis vor wenigen Jahren regelmäßig zum Trampolinspringen gegangen sei. Wer das als Sport gemacht habe, verliere nicht so leicht sein Gleichgewicht. Irgendwer habe da garantiert nachgeholfen.

Ich kann nicht einschätzen, wie wahrscheinlich das eine oder andere in diesem Fall ist. Wie viel von Adjeis Geschichte zutrifft oder nicht. Dass nicht alles in dem Spiel mit rechten Dingen zugeht, kann ich mir auch so denken. Dafür reicht es schon, als Mediziner zu beobachten, wie schnell manche Profis nach ernsthaften Verletzungen wieder auf dem Rasen stehen. Muskeln, Sehnen, Bänder und Knorpel heilen ja nicht schneller, weil einer Leistungssportler ist; das ist ein weitverbreiteter Irrglaube. Da hat sich vieles so beschleunigt, dass es einem nur unheimlich werden kann.

Am Ende aber trägt jeder Verantwortung für das, was er tut, auch Derek Adjei. Er ist nämlich nicht im Knast gelandet, weil er dunkle Haut hat. Sondern weil er immer größere

Mengen an Drogen verkauft hat, die andere früher oder später in die Abhängigkeit treiben.

»Auch das ist ein schweres Foul«, sage ich ihm auf seiner Zelle. »Denn früher oder später zerstört es dich.«

»Aber ich habe meine Strafe gekriegt«, sagt Derek. »Ich bin jetzt hier. Und danach schicken die mich nach Hause. Wenn ein Ghana-Mann Scheiße gebaut hat, wird er bestraft und abgeschoben. Aber welche Chance hat er bei euch, wenn es mit dem Fußball vorbei ist? Bernd und seine Kumpel haben noch viel mehr Scheiße gebaut, und die kriegen keine Strafe. Die bleiben hier und machen weiter. Was ist denn richtig oder falsch, Doktor, und was ist schlimmer? Sagen Sie es mir!«

Da ist er also wieder, der Klassiker, das ewige Dilemma. Ich war böse, aber andere sind noch viel schlimmer: Wie oft habe ich das von meinen Patienten nicht schon gehört. Der Einbrecher betont, dass er keinen Menschen getötet, der Räuber, dass er keine scharfe Waffe benutzt habe; der Mörder macht geltend, dass er sich nicht an einem Kind vergangen habe. So gibt jeder das Schlusslicht weiter. Dabei kann es doch nur darum gehen, irgendwo für sich selbst einzustehen – unabhängig davon, was andere tun und wer dabei erwischt wird oder nicht. Das halte ich allen entgegen, wenn wir an dem Punkt angelangt sind, egal welches Delikt er begangen hat, welchen Glauben oder welche Hautfarbe er hat.

»Sie kennen doch die Regeln«, sage ich abschließend zu Derek Adjei: »Wenn einer grob Foul spielt und der Schiedsrichter es bemerkt, muss er damit rechnen, dass er Rot sieht und vom Platz gestellt wird. Sieht der Schiri es nicht, hat es das Foul nie gegeben. Das ist nicht immer gerecht, aber so läuft das Spiel.«

Derek nickt.

Unter dem Radar

Unheil und Gewaltausbrüche, Chaos und Verfall: So gut wie alles, was das Leben zur Vorhölle machen kann, ist auf dem Gemälde »Versuchung des heiligen Antonius« zu sehen, einem der berühmtesten Bilder von Hieronymus Bosch. Es ist vor gut fünfhundert Jahren entstanden, wirkt aber weiter sehr aktuell – weil die Abgründe, die dort mit Ölfarbe auf Holz dargestellt sind, bis heute bestehen. Oft reichen schon fünf Minuten mit den Nachrichten vom Tage aus, um sich darüber klarzuwerden, dass bloß die Masken und Kulissen gewechselt haben.

Es macht jedoch einen Unterschied, ob wir uns dem Pandämonium nur als Betrachter von außen nähern, um uns einem kurzen Schauder auszusetzen. Oder ob wir irgendwann feststellen müssen, dass wir bereits mittendrin stecken. So wie manche Insassen, die einem praktizierenden Arzt im Straf- und Freiheitsentzug in über dreißig Dienstjahren gelegentlich begegnen. Nicht als Figuren der Kunstgeschichte, sondern als Menschen aus Fleisch und Blut.

Oswald Brennecke etwa klagt zunächst nur über »Rücken«, als er Anfang der Neunziger in der Sprechstunde der JVA Werl auftaucht. Das sind zumindest die Beschwerden, die er bei unserer ersten Begegnung vorbringt. Wie das eben so gehen kann, vermutet er selbst, wenn einer mit Ende fünfzig noch in der Schreinerei arbeitet. Hobeln und heben, schwere Möbel schleppen und die ganze Zeit stehen. Ob er damit vielleicht mal aussetzen könne, lautet dann die Frage, wenigstens für eine oder zwei Wochen? Und ob ich ihm vielleicht ein Medikament gegen die Schmerzen verschreiben könne?

Warum nicht, gebe ich zu verstehen, kein Problem, und schaue meinem Patienten, einem großen, etwas klobigen Mann, erst mal in das vorzeitig gealterte, einfältig wirkende Gesicht: eine Landkarte aus Falten, die sich in alle Richtungen eingegraben haben. Wenn es dann nicht besser geworden sei, müsse man allerdings mal genauer hinschauen, ergänze ich noch. Manche Symptome, die sich im Rücken bemerkbar machen, könnten auch eine andere Ursache haben. »Können Sie denn sagen, in welchem Abschnitt der Wirbelsäule Sie die Beschwerden spüren?«

»Nee, so genau nicht.«

Eventuell ist das vielleicht doch nicht so dringend, habe ich im Gespür, weil sich das eher wie ein Geplänkel anhört. Eine kurze, fast beiläufige Plauderei, die Brennecke auch bei seinem zweiten Besuch fortsetzt. Als wolle er nur vorfühlen, um zu gegebener Zeit mit etwas anderem aus dem Busch zu kommen. Erst mal checken, was der neue Doc für einer ist. Das habe ich in meinen ersten Jahren im Knast nur zu oft erlebt. Oder es geht darum, sich möglichst unauffällig einen Termin beim Psychiater zu besorgen. Damit nicht jeder gleich sieht, dass da einer zum »Dachdecker« rennt, wie die Kollegen hier genannt werden. Einer mit 'nem Dachschaden. Ein Weichei. Einer, der dem Druck nicht mehr standhält.

So eine Anstalt ist eben voller Fallstricke und Täuschungen, Finten und Tretminen. Das gilt für die Gefangenen im

Strafvollzug ebenso wie für die Bediensteten. Erst recht gilt es für einen so erfahrenen »SVer« wie Brennecke: einem Insassen der Sicherungsverwahrung, die sich an eine verbüßte Haftstrafe anschließt, als sogenannte freiheitsentziehende Maßregel der Besserung und Sicherung mit Präventionsfunktion.

Der da über Rückenschmerzen klagt, hat vor über dreißig Jahren nämlich zwei junge Frauen vergewaltigt und umgebracht, irgendwo hinter Arnsberg. Er ist dabei nicht zimperlich, sondern mit äußerster Brutalität vorgegangen. Nach knapp fünfzehn Jahren entlassen, wurde er schon bald wegen einer versuchten Vergewaltigung in Tateinheit mit schwerer Körperverletzung erneut verurteilt und weggesperrt. So steht es in der Personalakte, die ich später einsehen werde. In meiner Sprechstunde ist Herr Brennecke aber zuallererst ein Patient, um dessen Wohlbefinden ich mich kümmere, so gut ich kann – was immer er auch verbockt hat. Das ist mein Job, mein Fokus und meine Verantwortung.

Nur dass es in diesem Fall tatsächlich um etwas ganz anderes geht. Das eröffnet mir Brennecke, als er Wochen später zum dritten Mal in unsere Abteilung kommt. Mit offenerer, aber auch düsterer Miene als bisher.

»Kann ich Sie mal unter vier Augen sprechen?«

Er kann, weil meine Krankenpfleger sich in solchen Momenten bereitwillig verziehen. Dafür genügt ein Blick, das müssen wir nicht mehr extra verhandeln. Dann erfahre ich endlich, was meinem Gegenüber wirklich auf der Seele brennt.

Acht Monate seien es nur noch, so Brennecke, bis seine zehnjährige SV abgelaufen ist. Dann werde er aus der Anstalt in die Freiheit entlassen. Weshalb er eigentlich schon längst beginnen müsse, sich um eine Bleibe zu kümmern. Und überhaupt eine Idee entwickeln müsse, wie es da draußen weitergehen kann. »Aber man darf mich nicht entlassen, wissen Sie. Weil ich ... das wäre gefährlich. Ich hab Sachen in meinem Kopf, furchtbare Sachen. Lauter so ... na ja, Phantasien.«

»Können Sie diese Phantasien näher beschreiben?«, fordere ich ihn auf.

»Ich weiß nicht, ob Sie das wirklich hören wollen. Das sind Sachen, die ich mit anderen mache oder so ... Ganz, ganz schlimme Sachen. Aber die sehe ich vor mir und die werde ich nicht los. Ich hab echt Schiss, dass ich das machen könnte, wenn es so weit kommt.« Dann macht Brennecke eine kurze Pause, in der mich sein Blick eindringlich fixiert. Ein aufgewühlter, wenn nicht verzweifelter Mann auf der Suche nach einem Verbündeten.

»Die dürfen mich nicht rauslassen, Doc. Das gibt 'ne Katastrophe.«

»Aber was soll ich da für Sie tun? Nach zehn Jahren ist Ihre SV nun mal vorbei, soviel ich weiß. Eigentlich ein Grund, sich zu freuen. Es sei denn, da kämen noch mal neue, dramatische Erkenntnisse. Zum Beispiel, wenn Ihnen jetzt noch ein Mord einfällt. Dann würden Sie eventuell in einer psychiatrischen Anstalt landen, und das wär's dann wohl für den Rest Ihres Lebens.«

Und wieder dieser Blick. Fast flehentlich. »Ich darf nicht raus. Verstehen Sie mich?«

Tag für Tag kommen Gefangene zu mir, die mir wegen ihrer mentalen Verfassung etwas vormachen wollen. Die ihre Aggressionen kleinreden oder verleugnen und Therapieerfolge vorgeben. Also so tun, als wenn sie mit den eigenen

Dämonen inzwischen umgehen könnten. Und jetzt das, zum ersten und bisher auch letzten Mal in meiner Laufbahn: das halbwegs kontrollierte Ich, das eindringlich vor seinem unkontrollierbaren Es warnt.

Helfen Sie mir, in mir steckt ein Monster.

Es dauert eine Weile, bis ich darauf komme, wie ich mit Herrn Brennecke verbleiben kann. Da warten noch ein paar andere in der Sprechstunde; ich muss das für heute abkürzen, ohne darüber hinwegzugehen. Ein erstes Etappenziel vereinbaren. Ob er sich vorstellen könne, mal aufzuschreiben, was ihm da alles durch den Kopf geht, frage ich also. Diese ganzen Phantasien, und was er dabei empfinde. Alles mal zu Papier bringen, um sich darüber klarzuwerden. Ich würde das dann in Ruhe lesen, um seine Lage besser einschätzen zu können. Und anschließend gemeinsam mit ihm überlegen, was man tun kann.

»Okay, sagt Brennecke, »dann machen wir das.« Einen Moment darauf ist er schon wieder in Richtung Haus 2 entschwunden. Das ist der alte, etwas abgerockte Bau, in dem alle SVer zu der Zeit untergebracht sind.

Habe ich wirklich damit gerechnet, dass dieser nicht besonders gut strukturierte Mann etwas aufschreiben wird? Oder bin ich davon ausgegangen, ihn nicht so bald wiederzusehen? Was er von sich gegeben hat, das hat durchaus authentisch gewirkt: eine brisante Botschaft vom tiefsten Seelengrund. Andererseits sind in meiner Sprechstunde schon viele Geschichten erfunden worden, um den Doc mal ein bisschen zu schocken. Oder um zu testen, ob die nicht doch bald zirkulieren, trotz Schweigepflicht – was ein wichtiges Indiz dafür wäre, dass man es mit einem Schwätzer zu tun hat.

Versuchsballons. Bumerangs. Tretminen.

Nur vier Tage später aber steht Oswald Brennecke wieder in meiner Tür; in seiner Hand rund vierzig eng beschriebene DIN-A4-Seiten. Er habe das jetzt mal so gemacht, wie wir es vereinbart hätten, sagt er knapp. »Bin mal gespannt, was Sie dazu sagen. Wenn Sie da überhaupt durchsteigen oder so.«

Vierzig Seiten in äußerst akkurater, etwas naiver Kinderschrift: Er muss Tage und Nächte damit zugebracht haben, das zu verfassen. Die Mühe und der Drive eines Fünfzehnjährigen, der eine Horrorgeschichte verfasst. Mit ihm als Hauptperson und vielen Opfern, die er meist erst länger foltert, bis er sie endlich grausam hinrichtet. Auf immer neue, zum Teil alttestamentarische Weise.

Eine Frau lebendig an ein Holzkreuz schlagen. Einen halbwüchsigen Jungen fesseln und steinigen. Tote schänden. Auch noch heftigere Sachen, die kaum wiederzugeben sind. Ich steige in die tiefsten Abgründe hinab, Seite für Seite. Als ich endlich, endlich wieder auftauche, sehe ich es im Prinzip nicht anders als der Verfasser dieser Höllenschrift: Wer so etwas ausbrütet, sollte nicht ohne Aufsicht sein, weder morgen noch in acht Monaten. Der darf nicht raus.

Brennecke wirkt dennoch eher erfreut, als ich ihm diese Einschätzung bei unserem nächsten Treffen gebe. Vielleicht hat er gefürchtet, dass ich darauf nur angewidert reagiere. So ist auf beiden Seiten genügend Vertrauen gewachsen, um zusammen nach einer Lösung zu suchen – so seltsam das für andere möglicherweise klingen mag.

Unter einer Bedingung. »Ich kann Ihnen nur helfen, wenn Sie Ihrerseits bereit sind, das Ganze aufzumachen«, sage ich meinem Patienten. »Das heißt im Klartext: Nicht nur mit mir, dem Doc, zu sprechen, sondern auch mit einem fachkundigen Psychologen. Der sollte das auch mal lesen, finde ich. Aber dafür müssten Sie unterschreiben, dass Sie mich von der Schweigepflicht entbinden.«

Das ist für Brennecke kein Hindernis. Er ist froh, dass jetzt etwas ins Rollen kommt, und verlangt umgehend nach dem Formular, um gleich an Ort und Stelle zu unterschreiben. In seiner kleinen, braven Handschrift, die ihm alles abverlangt.

Ein paar Tage später rufe ich Dr. Rolf Steinfurth alias Rolli an, einen aus einem halben Dutzend ehemaliger Kommilitonen an der Ruhr-Universität in Bochum, die ich nie ganz aus den Augen verloren habe. Heute längst nicht mehr der Bonvivant aus alten Tagen, der früher oft in den Kneipen zwischen Schauspielhaus und Bermuda-Dreieck verschwand und das entsprechend ankündigte: »Heute gehe ich nicht bei lebendigem Leibe nach Hause.« Inzwischen ist er verheiratet – und eine echte Koryphäe auf psychoanalytischem Gebiet. »Sag mal, mein Lieber, kann ich dir mal was ganz Spezielles zu lesen schicken? Aber freu dich bitte nicht zu früh.«

Eine Katastrophe ist also vielleicht noch zu verhindern, wenn wir uns beeilen. Aber eine andere ist genau genommen schon passiert. Denn wenn einer, der mehr als dreißig Jahre im Knast sitzt, so völlig allein bleibt mit seinen psychotischen Wahnvorstellungen, dann ist das eine Megakatastrophe. Doch wie so oft in solchen Fällen gibt es mehrere Gründe dafür, warum hier nicht früher Alarm geschlagen wurde.

Als Brennecke in den Sechzigern vor Gericht stand, spielte das, was im Kopf eines Täters vorgeht, für die Entscheidung der Justiz noch keine große Rolle – zumindest solange der Kriminelle als zurechnungs- und damit straffähig galt. Individuelle Motive für die Tat oder gar Traumata in der Biographie wurden allenfalls zur Bemessung des Strafmaßes herangezogen. Anschließend ging es fast ausschließlich darum, den Verurteilten wegzusperren, um die Gesellschaft vor ihm zu schützen. In der Zelle habe einer doch Zeit genug, um über all seine Schandtaten nachzudenken. Was frei übersetzt nur heißt: Soll er sich doch selber helfen.

Genauso erging es Brennecke: Er hatte wenig Unterstützung in der Haft. Hilfe vom Psychologen bekamen damals nur Knackis, die massiv auffällig wurden, immer wieder randalierten oder Beamte attackierten. Brennecke hingegen wurde nur alle paar Jahre von einem Psychologen begutachtet, der prüfen sollte, ob und wann man ihn wieder auf die Allgemeinheit loslassen kann. Weil Brennecke aber bei solchen Anlässen nie viel redete und verschlossen blieb, hieß es in seinem Fall stets: Daumen runter.

Als schließlich Jahre später ein externer Psychiater für zwei Tage im Monat in Werl auftauchte, lehnte Brennecke alle Angebote ab, mit ihm über seine Taten zu sprechen. Er sei mit diesem Typen nicht warm geworden, sagte er mir, und habe deshalb kein Vertrauen zu ihm gehabt. Der Hinweis, dass dieser Psychiater ebenfalls der Schweigepflicht unterliegt, konnte daran auch nichts ändern.

So saß der schwer Gestörte also im Wesentlichen nur Zeit ab. Zeit, in der seine Psychose ungehindert weiterwachsen konnte, nicht viel anders als ein Tumor. Ein Einzelgänger, der den Kampf gegen seine düsteren Phantasien allein ausficht.

Doch je länger eine so schwere Erkrankung unbehandelt bleibt, desto schwieriger ist es später, sie zu therapieren. Sie bildet ein Fundament an Symptomen, ein sogenanntes Residuum, das später nicht mehr wegzukriegen ist. Eine chronifizierte Psychose kann dann vielleicht nur noch zu fünfzig

Prozent therapiert werden. Der Rest bleibt und kommt immer wieder mal hoch: eine latente Gefahr.

Oswald Brennecke wusste das natürlich nicht. Er hoffte wohl wie alle Verdränger, dass seine Dämonen irgendwann von allein verschwinden würden, und wechselte mit dem Ende seiner Haftstrafe automatisch in die Sicherungsverwahrung, wie viele schwere Sexualstraftäter. Das bringt gewisse Erleichterungen im Alltag mit sich: Die Insassen sind in größeren, komfortableren Zellen untergebracht, dürfen ihre eigenen Klamotten tragen und unterliegen nicht länger der Arbeitspflicht. Auch hier schlüpfte Brennecke unter dem Radar hindurch.

Zu den Zielen der SV gehört heutzutage nicht nur die sichere Verwahrung des Gefangenen, sondern auch die tatkräftige Unterstützung bei der Wiedereingliederung in das Leben außerhalb des Gefängnisses. Das war damals nicht so. In Haus 2 gab es keine regelmäßigen Therapiegruppen und keine Psychiater in Festanstellung. Psychotherapeutisch geschulte Fachleute wurden zwar ab und zu hinzugezogen, sie waren aber meist wenig in den Haftalltag eingeweiht. Jump in, jump out: Viel lief in der Hinsicht also nicht.

Das störte Brennecke vermutlich wenig. Solange er sich mitten in der SV befand, verspürte er noch keinen übermäßigen Druck. Der kam erst, als er anfing, sich gedanklich mit der anstehenden Entlassung zu beschäftigen. Nun konnten Nachtdienstbeamte immer wieder mal hören, wie er im Halbschlaf Sequenzen aus seinem Prozess durchspielte: Was haben Sie zum Sachverhalt vorzubringen? Was können Sie zum Motiv für Ihre Taten darlegen? Als Angeklagter haben Sie das letzte Wort! Im Namen des Volkes verkünde ich ...

Die Beamten machten sich darüber lustig. Die nächtlichen

Alpträume gehörten für sie zur gerechten Strafe. Deshalb erfuhr ich erst viel später davon.

Inzwischen aber hatte Brennecke so einiges, was ihm vertrauenswürdig erschien, über den neuen Anstaltsarzt gehört:

»Der fährt 'ne klare Linie.«

»Der macht alles, wenn du wirklich was hast.«

»Der kann auch was für sich behalten.«

Hier der zunehmende Druck, dort eine relativ neue Figur im Spiel: Da macht der bisher verschlossene Mann zum ersten Mal die Tür auf, und zwar ganz weit, indem er den Blick freigibt auf die geheime Kammer in seinem Hinterkopf. Eine Vorhölle, die im Zweifel auch Hieronymus Bosch noch erschreckt hätte.

Was da zum Vorschein kommt, ist widerlich, keine Frage; brutal, abartig, durchgeknallt. Dennoch habe ich Respekt vor dem Mut, den es dazu braucht, sich selbst anzuschwärzen kurz vor der Entlassung in die Freiheit. Herr Lehrer, ich weiß etwas ganz Schreckliches. Über mich.

Im Grunde hätte so einer nie in eine Anstalt des normalen Strafvollzugs gehört. Das bestätigt mir auch Rolli Steinfurth. Er konstatiert noch mal genau das, was ich mir mit meinen Kenntnissen über psychische Krankheitsbilder in etwa schon gedacht habe. Den sportlichen Ehrgeiz pflege ich: erst mal selbst zu einem Schluss kommen, eine Verdachtsdiagnose erarbeiten, bevor ein anderer Mediziner hinzugezogen wird. Sei es der Orthopäde, der Urologe oder eben der Psychiater.

Brennecke ist für den Kollegen Steinfurth »ein Psychopath, wie er im Buche steht«. Mit schweren psychotischen Symptomen, die nie behandelt wurden und die sich in akuter Situation weiterhin fatal auswirken könnten. »Der hätte früher schon nicht rauskommen dürfen, und der darf heute genauso wenig raus«, betont er. »Steht aber auch alles in dem Kurzbrief, den ich dir morgen rüberschicke. Den kannste ja weiterleiten.«

»Wunderbar.«

»Nein, furchtbar. Überleg mal: Möchtest du solche Bilder haben, die ständig in deiner Birne kreisen?«

»Um Gottes willen.«

Nun mache ich den Fall auf, wie wir das nennen. Lege dem Anstaltsleiter meine Notizen auf den Tisch, zusammen mit Rollis Expertise, und schlage Alarm. Brennecke solle in Kürze sogar nur in Begleitung von einem Sozialarbeiter ausgeführt werden, heißt es hier, um sich nach einer Bleibe für die Zeit nach der Entlassung umzusehen. Ein übliches Prozedere am Ende der SV. So weit dürfe es jedoch nicht kommen, erkläre ich – und betone, dass der Betreffende das genauso sieht.

Nach mehreren weiteren Gesprächen stellt die Anstalts-leitung bei der Strafvollstreckungskammer in Arnsberg schließlich einen Eilantrag auf »Umwandlung der Maßregel« mit dem Ziel, Brennecke noch vor Ablauf der Verwahrung in einer hochgesicherten forensisch-psychiatrischen Klinik unterzubringen. Die genehmigte Ausführung und sämtliche Entlassungsvorbereitungen werden bis auf weiteres aus-gesetzt. Eine Notbremsung in letzter Sekunde.

Keine zwei Wochen später kommt eine kleine Abord-nung der Arnsberger Kammer nach Werl, um in unserer Be-suchsabteilung einen Anhörungstermin dazu abzuhalten: eine Richterin und zwei beigeordnete Richter, die nicht nur Brennecke und seinen Pflichtverteidiger, sondern auch mich und die anderen Fachdienste befragen. Parallel dazu wird mit Hochdruck ein neues Gutachten in Auftrag gegeben. Das ergibt im Wesentlichen die gleichen Resultate wie die meines Studienfreundes.

Lavierte, chronische Psychose mit aktuell massiven Wahnvorstellungen vor dem Hintergrund einer schweren Persönlichkeitsstörung. Weitere Unterbringung und Therapie dringend erforderlich.

So wird Oswald Brennecke, inzwischen sechzig Jahre alt, nun gerade mal fünfundzwanzig Kilometer weiter nach Eickelborn überführt, in die größte Klinik für psychisch kranke Straftäter in Deutschland. Ein massiver Bau auf dem Gelände der einstigen »Irren- und Siechenanstalt«, wie er bei seiner Gründung vor rund hundertvierzig Jahren noch hieß. Er ist gesichert mit Stacheldraht und einer acht Meter hohen, transparenten Mauer aus unzerstörbaren Makrolon-Platten, der Eickelborner Mauer.

Die rund dreihundertfünfzig Insassen, die hier leben, werden nicht ohne Grund sorgfältig weggeschlossen. Längst nicht alle psychischen Erkrankungen von Gewalttätern sind vollständig heilbar – bei einigen gelingt eine Heilung überhaupt nicht. Von diesem Wunschtraum hat man sich im LWL-Zentrum für forensische Psychiatrie spätestens 1994 verabschieden müssen, nachdem ein Insasse bei einem unbegleiteten Freigang ein siebenjähriges Mädchen vergewaltigt und getötet hatte. Ein ebenso spektakulärer wie tragischer Fall, der damals durch alle Medien ging.

Hinter dieser transparenten Mauer setzt Brennecke also sein Leben fort, so gut es geht – als Patient, dem man dann und wann auch begleitete Ausgänge gestattet. Es ist ein Leben mit Medikamenten, die das Tempo der Hirnaktivitäten drosseln, um die psychotischen Wahnvorstellungen einzudämmen. Das macht den Patienten nicht gerade agil;

meist setzt er auch deutlich an Gewicht zu. Außerdem versucht man weiter, mit ihm über seine Gewaltphantasien zu sprechen. Was einem der dort arbeitenden Psychiater phasenweise ganz gut gelingt, wie ich irgendwann höre.

Angefangen habe das damals mit dieser jungen Frau, um die er sich mit Anfang zwanzig so hartnäckig bemüht habe, erzählt Brennecke. Monatelang sei da außer Knutschereien nichts gelaufen, und als er dann endlich mit ihr intim werden durfte, habe er entsetzt entdeckt, dass es sich um einen Mann, vielleicht auch einen Transsexuellen in Frauenkleidern, gehandelt habe. Für ihn ein Schock, ja ein Trauma, das ihn in ohnmächtiger Wut zurückließ. Oben oder unten, rechts oder links: Plötzlich ist da kein Kompass mehr. Er beginnt sogar zu fürchten, dass er in Wirklichkeit schwul ist. Ein »richtiger Mann« hätte so was vorher gemerkt.

Dann sei dieser unbändige Zorn gekommen, der ihn seit dem Erlebnis befeuert habe. Da sei es auch um Rache gegangen. Rache an Frauen und auch Männern, die er als androgyn empfand. Er habe sie ausziehen und an einen Punkt bringen wollen, an dem sie nur noch jammern und schreien. Deshalb habe er sie sich mehrere Frauen gegriffen, sie umgebracht und ihnen die Brüste abgeschnitten.

Eine vollständige Erzählung ergibt das nicht – aber zumindest sind es ein paar Puzzleteile, die Brennecke mithilfe des Psychiaters zusammenbringt. Was davor in seinem Leben gewesen, wie er aufgewachsen, von Eltern und anderen behandelt worden ist: An diese Informationen kommt man auch in Eickelborn nur noch schwer heran. Es geht eben nicht alles, wenn eine so schwere psychische Störung schon so weit fortgeschritten ist.

Umso mehr erstaunt es mich, als ich Jahre später eine Ansichtskarte mit Motiven aus dem Lipper Land bekomme, abgestempelt im LWL-Zentrum Eickelborn. Pferde auf einer Koppel. Wanderer im Gegenlicht. Das Detmolder Residenzschloss. Die kleine, zittrige Handschrift füllt kaum die Hälfte der freien Fläche auf der Rückseite aus. Dennoch hat das Schreiben den Verfasser vermutlich Stunden gekostet.

»Mir geht es nicht schlecht. Ich habe hier ein schönes Zimmer. Aber die Gespräche über meine Taten strengen mich an, und die Medikamente machen mich müde. Kann auch nicht viel lesen oder schreiben. Hoffentlich halte ich durch. Herzliche Grüße ...«

Das ist das letzte Lebenszeichen, das ich von Brennecke selbst erhalten habe. Doch sechs Jahre später auf einem Seminar mit Ärzten und Psychologen im Strafvollzug erfahre ich noch einmal etwas über ihn. In einer dieser kurzen Kaffeepausen, in denen sich alle meist lebhafter austauschen als während des offiziellen Programms.

Er habe mal einen Insassen in Werl begutachtet, der sich praktisch selbst angezeigt habe, sagt ein älterer psychiatrischer Kollege. Einen mehrfachen Sexualmörder mit »brutalsten Phantasien«, die er erst kurz vor der Entlassung aus der Sicherungsverwahrung eingestanden habe – um weiter unter Beobachtung zu bleiben. »Ziemlich gefährlich irgendwie, aber auch sehr interessant.«

Jetzt ahne ich, wer damit gemeint sein kann. »Brennecke?«

»Ja, Brennecke, kann sein. Aber woher wissen Sie ...«

»Ich bin der Arzt, dem er sich damals anvertraut hat.«

Schade, gibt der Kollege zu verstehen, nachdem er sich wieder eingekriegt hat: Dieser Patient habe vor Jahren angefangen, etwas mehr zu erzählen, wie ihm Kollegen aus Eickelborn berichtet hätten. »Und dann kriegt der einen Schlaganfall, grad' neulich, und ist gleich weg. Aber für ihn war's ja doch mehr eine Erlösung.«

Immerhin hat es in der neuen Umgebung offenbar doch noch eine gewisse Entwicklung gegeben. Eine Phase, in der etwas mehr Licht in die dunkle Kammer gekommen ist. Es könnte nicht nur Betreuern, Ärzten und Psychologen, sondern auch ihm selbst etwas bedeutet haben. Ein wenig Erleichterung. Mehr geht manchmal einfach nicht.

Die Angebote zur psychotherapeutischen Betreuung haben inzwischen auch in Werl zugenommen, an Umfang wie an Qualität. Für die Insassen der SV etwa ist kürzlich sogar ein neues moderneres Gebäude errichtet worden. Dort finden fast täglich Gespräche mit angestellten und externen Psychologen oder Therapeuten statt, wahlweise einzeln oder in Gruppen. Vieles ist im Vergleich zu früher besser geworden, es gibt deutlich mehr Angebote, sich schon früh mit den Abgründen seiner Persönlichkeit und den Motiven für die Tat zu beschäftigen. Ging es früher eher darum, die eigenen Dämonen möglichst zu vergessen oder wenigstens zu verdrängen, wird der Straftäter heute von Anfang an dazu aufgefordert, sich mit seiner Tat auseinanderzusetzen.

Dieser Paradigmenwechsel kann bei dem einen oder anderen aber auch zu dramatischen Nebenwirkungen führen. Nicht jeder verträgt es, wenn er in der Therapie immer wieder die Bilder und Erinnerungen an seine Taten reaktiviert.

Gestern noch wurde mir ein Patient vorgestellt, der regelmäßig um den Jahrestag seiner furchtbaren Gewalttat in schwerste Depressionen fällt und Suizidabsichten äußert. Er hat vor etwa zehn Jahren einen elfjährigen Jungen erst brutal missbraucht und anschließend zur Verdeckung seiner Tat vom Dach eines Hochhauses gestoßen. Inzwischen hat er schon zahlreiche ernstzunehmende Suizidversuche unternommen: sich zu erhängen versucht, seine Pulsadern aufgeschnitten und eine Überdosis Medikamente eingenommen, die er über Monate hinweg gesammelt hatte.

Anders als Brennicke hat er aber gelernt, sich früh mitzuteilen, damit ich ihm helfen kann. Wir haben vereinbart, dass er zu mir kommt, sobald es ihm wieder schlechter geht. Dann kann ich umgehend seine Unterbringung in einem besonderen Haftraum veranlassen, in dem er rund um die Uhr mit Kameras überwacht wird. Wir tun alles Erdenkliche, um ihn am Leben zu erhalten, wenn er gerade wieder aufgeben will. Aber keiner hier kann ausschließen, dass er es nicht doch irgendwann mal durchzieht.

Verdrängen und vergessen oder sich ihnen stellen: Ich bin davon überzeugt, dass jeder für sich überlegen muss, wann und wie er sich mit seinen Dämonen verabredet.

Ein guter Schnitt

Sie brachten ihn in einer gepanzerten Limousine aus dem nur siebzehn Kilometer entfernten Justizkrankenhaus zurück, in dem er zwei Wochen lang zur Untersuchung gelegen hatte, ursprünglich wegen des Verdachts auf eine chronisch entzündliche Erkrankung. Gesicherter Einzeltransport, große S-Klasse, über vier Tonnen schwer, mit kugelsicheren Scheiben. Drei schwer bewaffnete SEK-Beamte begleiteten ihn. Sechs andere SEKler in zwei weiteren, ebenfalls gepanzerten Fahrzeugen sicherten den Transport, alle trugen Sturmhauben, einige zusätzlich dunkle Sonnenbrillen. Im Vorhof des Gefängnisses angekommen und erst nachdem sich hinter ihnen die Fahrzeugschleuse geschlossen hatte, sprangen sie aus ihren Wagen, um dem Gefangenen, der gefesselt in Handschellen und Fußfesseln auf der Rückbank saß, herauszuhelfen. Seine Mütze war über die Augen gezogen, und als er jetzt – nach zwanzigminütiger Autofahrt in hoher Geschwindigkeit über kurvenreiche Landstraßen – im Hof der JVA auf wackligen Beinen stand, wurde es höchste Zeit, denn ihm war kreuzübel. Einer der Beamten hielt ihn leicht am Arm fest und nahm ihm endlich die Mütze ab, bevor er sich im Schwall auf den Boden des Vorhofes übergab.

Es war schon ein großer Aufwand, der da betrieben wurde,

um Julius Hecker die wenigen Kilometer zurück nach Werl zu bringen – das ganz große Besteck. Nur für unbedarfte Zeugen sah das alles wie eine bevorzugte Behandlung aus. Es bedeutete das genaue Gegenteil. Das war mir sofort klar, als ich die Szene am Nachmittag von einem Fenster in unserer Krankenstation aus verfolgte, im Vorfeld informiert von den Kollegen im Justizkrankenhaus, in dem ich damals noch regelmäßig tätig war. Ein Pendler zwischen zwei Einrichtungen des Strafvollzugs.

Sie wollten ihm ganz offenbar schon mal demonstrieren, wie das auch in Zukunft sein würde, wenn er jetzt häufiger den Kranken mimen und sich in der Gegend herumkutschieren lassen wollte. Glaubst du immer noch, du könntest dich davonmachen? Wenn du unbedingt willst: Diesen Streifen kannst du gerne öfter haben. Besonders für den Fall, dass du irgendwann mal planst, in einem normalen öffentlichen Krankenhaus zu landen, in dem man dich nie so lückenlos im Auge behalten kann wie in dem hochgesicherten Justizkrankenhaus.

Die ganz Schlauen waren nämlich längst davon überzeugt, dass dieser Verbrecher nur simulierte, um aus dem Knast herauszukommen und seine Beute zu sichern: über eine Million Mark, die er und einige Kumpane knapp zehn Jahre zuvor bei ihrem letzten Ding, einem Überfall auf einen Geldtransporter im Münsterland, erbeutet hatten. Von dem Geld war seither nichts aufgetaucht. Er sei der Boss gewesen, habe die Beute nicht gleich geteilt, sondern sicher versteckt an einem Ort, von dem nur er weiß. Das war die Geschichte, die seit Jahr und Tag über und um ihn herumkreise. Und nun, kurz vor der Währungsumstellung, musste doch eh jeder zusehen, dass er seine alten D-Mark-Scheine schnell noch in frische

Euro-Noten umgetauscht bekam. Zudem war die Verschärfung des Geldwäschegesetzes seit 1997 beschlossene Sache, die Zeit arbeitete gegen ihn. Ausgerechnet zu diesem Zeitpunkt wird er plötzlich krank.

Jetzt muss er sich bewegen, hieß es, jetzt braucht er eine starke Idee, sucht nach einem sicheren Plan, sich auf dem Weg zwischen Knast und Justizkrankenhaus irgendwie abzusetzen. Will er aus einem Krankenhaus abhauen oder sich unterwegs befreien lassen? Gibt es ein kleines Befreiungskommando, womöglich die alten Kumpels, die den Transport an verabredeter Stelle überfallen? Oder ein ferngesteuertes Manöver, das Hecker aus dem Knast heraus inszeniert? Phantasien über das, was der abgefeimte Ganove als Nächstes anstellen könnte, um endlich an die Beute zu kommen, bevor »sein« Geld wertlos zu werden drohte, gab es hinter den dicken Mauern mehr als genug. Nicht nur unter den Gefangenen, die ihn schon länger kannten. Die für die Sicherheit zuständigen Fachleute wiesen meine Kollegen und mich darauf hin, bei eventuell weiteren externen Untersuchungs- und Behandlungsmaßnahmen immer auch diese Szenarien mit zu bedenken: »Der geht hier keinen Meter raus ohne das maximale Paket an Sicherheitsmaßnahmen. Egal ob bei Tag, in der Nacht oder am Wochenende. Selbst wenn es Heiligabend sein sollte!«

Aber der sechsundfünfzigjährige Mann mit den früh ergrauten Haaren, der da auf den Hof der JVA kotzte, dachte vielleicht schon nicht mehr daran, irgendwann zu entkommen. Nach allem, was er mir anschließend in vielen Stunden auf seiner Zelle erzählte, ist es wohl so gewesen. Ich muss zugeben, dass es mir großes Vergnügen bereitete, ins Hafthaus 2 rüberzugehen, um ihn auf seiner Zelle aufzusuchen.

Ich konnte mit ihm sehr gut über alles Mögliche quatschen. Über Politik und Gesellschaft, sein Vorleben, seine Erfahrungen, darüber, wie sich der Strafvollzug aus der Perspektive eines Insassen anfühlt und was sich seiner Ansicht nach im Knast alles ändern müsste, um Verbrecher erfolgreicher zu resozialisieren. Nicht mit jedem Gefangenen sind solche Gespräche möglich, denn nicht jeder verfügt über die intellektuellen und sprachlichen Fähigkeiten, sich halbwegs differenziert mitzuteilen. Aber er war ein kluger und überaus unterhaltsamer Gesprächspartner. Außerdem gab es einen handfesten Grund für meine Hausbesuche: Er war nicht etwa nur vorübergehend erkrankt, sondern viel schlimmer, seine Krankheit war unheilbar. Krebs im fortgeschrittenen Stadium. Das war schon früh meine Verdachtsdiagnose gewesen, sie hatte sich nach den Untersuchungen im Fröndenberger Krankenhaus leider bestätigt.

Ich sage leider, weil ich diesen Patienten gelegentlich vermisse, wenn ich heute, viele Jahre später, zufällig mal wieder auf »seiner« Abteilung im Hafthaus 2 unterwegs bin. Nicht wie einen Verwandten, einen engen Freund oder einen nahen Vertrauten. Eher wie eine bestimmte, unverwechselbare Farbe, einen besonderen Typen, von denen es heutzutage im Knast nicht mehr viele gibt. Wenn's hochkommt: einen unter tausend.

Ein Solitär.

Julius Hecker war ein kräftiger, hochgewachsener, breitschultriger und sehr umtriebiger Mann vom Niederrhein, der über zwei ausgeprägte Talente verfügte. Er konnte bewaffnete Überfälle auf Banken, Geldtransporter und Supermärkte so gut planen, dass alle, die ihm zuhörten, schnell felsenfest vom Gelingen des Unternehmens überzeugt waren. Klar, dass er dabei den Hut aufhatte, schließlich verfügte er über einschlägige Erfahrungen. Er war es, der sich seine Leute, geeignete Mittäter, aussuchte. Ein feinsinniger Beobachter und ebenso beherrschter Mann mit großer persönlicher Ausstrahlung, strukturiertem Verstand und der Fähigkeit zu schweigen, wenn es nichts mehr zu sagen gibt oder es darauf ankommt. Einer, dem es nicht nur unter seinesgleichen mühelos gelang, sich Respekt zu verschaffen, einer, der die Kampflinie vorgab und durchzog. Dass er insgesamt über zwanzig Jahre im Knast verbracht hatte, musste also daran liegen, dass auch bei seinen Projekten etwas nicht ganz so perfekt gelaufen war. Das berühmte Detail, das sich eben nicht vorausplanen lässt, der schlampige, der undisziplinierte oder geschwätzige Mittäter.

Außerdem konnte er Haare schneiden, schnell, in weniger als zwanzig Minuten, und überall. Das machte ihn zum unumstrittenen Meister seines ambulanten Salons. Die Haare eines Straftäters hören nicht auf zu wachsen, wenn er in einer Vollzugsanstalt einsitzt, und viele Verbrecher sind eitel. Die Anstaltsleitung in Werl war zunächst ganz froh, als Hecker diesen Job übernahm. Mit seinen privaten, in Japan teuer gefertigten Scheren ließ er sich von den Beamten auf die Flure der Abteilungen und in alle Arbeitsbetriebe durchschließen, um sich dort über die Köpfe der Mitgefangenen herzumachen. Schlosserei, Schreinerei, Bäckerei, Kabelhof, Küche: Julius Hecker schnippelte so ziemlich überall, wo man ihm nur einen Hocker hinstellte.

Den Lohn dafür akzeptierte er, obwohl der eher niedrig ausfiel, besondere Wünsche seiner Kunden aber prinzipiell nicht. »Bei mir gibt's nur einen Schnitt«, sagte er häufiger, um Diskussionen abzukürzen, »nämlich meinen.« Oder: »Von mir aus wünsch dir was, du hast die Auswahl zwischen kurz, ganz kurz oder ab.« Das wurde verstanden, keiner beschwerte sich.

Der Salon Hecker war etliche Jahre die bevorzugte Lösung, die es fürs Haarstyling in der Anstalt gab. Ideal war sie in den Augen der Leitung trotzdem nicht. Wer sich fast unkontrolliert auf den Fluren der Anstalt, über alle Etagen und in allen Arbeitsbetrieben bewegen darf, kann natürlich ein idealer Zuträger für alles Mögliche sein. Kann Informationen überbringen, leichter Drogen transportieren oder die Einlagen für Gewinne aus Wetten und Glücksspielen organisieren. Solche Bedenken kamen immer mal wieder auf. Nicht zu reden von Beschwerden der Abteilungsbeamten. Sie mussten sich darum kümmern, dass Hecker seine Scheren zwischen zwei Kunden desinfizieren konnte, denn die Sicherheitsvorschriften lassen nicht zu, leicht entzündliche und hochkonzentrierte alkoholische Flüssigkeiten unkontrolliert in die Hände eines Gefangenen zu geben. Außerdem mussten sie dafür sorgen, dass seine Kunden anschließend die abgeschnittene Wolle fein säuberlich entfernten, damit keiner ein Haar in seiner Suppe fand. Hecker selbst fühlte sich dafür nicht zuständig: Handlangerarbeiten würden in keinem Gewerbe vom Meister erledigt, nicht mal bei einem gut organisierten Raubüberfall.

Die teuren Scheren passten zu seinem umfassenden Sinn für Qualität und Niveau. In jeder Situation bewahrte er Haltung. So gab er ein Tablet mit schlecht genießbarem Essen einfach stumm und ungerührt zurück, anstatt zu lamentieren oder es in sich hineinzuzwingen. Während andere nach dem Einschluss vor dem Fernseher hockten, studierte er auf seiner Einzelzelle noch Artikel der großen Tageszeitungen. Er hatte neben dem *Bonner Generalanzeiger* die *Frankfurter Allgemeine* und auch die *Süddeutsche* abonniert, und was ihm darin auffiel und interessant genug erschien, hob er sich auf. Öfter sah ich die akkurat ausgeschnittenen Artikel auf seinem Tisch liegen, oder wie er gerade dabei war, sie ordentlich in Leitz-Ordnern zu archivieren, die er anschließend auf dem Bücherbrett neben literarisch durchweg anspruchsvollen Werken einsortierte.

»Wie geht's Ihnen, Doc?«, fragte er zur Begrüßung, räumte die Zeitungen weg und machte Platz auf dem einzigen Stuhl, während er sich aufs Bett setzte. Das haute mich jedes Mal um, kam er doch damit meiner Frage nach seinem Befinden zuvor. In über dreißig Jahren als Arzt im Knast hat mir kein zweiter Patient jemals wieder diese Frage gestellt; sie kommt in aller Regel nur von mir, ist mein Part, gehört zu meinem Job. Dann leitete er auf dieses oder jenes über, was in der deutschen Politik oder im Ausland aktuell war, und holte meine Meinung dazu ein. So entspann sich fast immer ein interessantes, längeres Gespräch auf Augenhöhe. Dabei konnte man für die Dauer der Unterhaltung die Umgebung, die Zelle, den Knast ausblenden. Wir waren wie zwei Männer in einem Kaffeehaus, die angeregt ihre Ansichten und Geschichten über Gott und die Welt austauschen.

Ab und zu plauderte er auch aus dem Nähkästchen. Erzählte, zu welchen Zeiten sie in den Supermärkten die Geldbomben abholen und wann am meisten zu holen ist. Oder, wie und wo man am besten eine Garage anmietet, in der man mit dem Fluchtauto unmittelbar nach einem Coup abwarten kann, bis die Nahfahndung aufgegeben wird. Und wie man schnell überprüft, ob man von einem anderen Wagen verfolgt wird: »Einfach den Wagen in ein normales Wohnviertel steuern, dann dreimal hintereinander links abbiegen oder meinetwegen dreimal rechts. Wenn Sie dann immer noch dieselbe Karre hinter sich sehen, wissen Sie, dass man Sie verfolgt oder auf dem Schirm hat, definitiv!«

So ging das eine halbe, manchmal auch eine volle Stunde lang. Wir saßen auf seiner Zelle nahe beieinander und hielten gleichzeitig eine professionelle Distanz. Blieben aus Respekt beim Sie, das andere Gefangene oft als Zurückweisung empfinden. Wobei zunächst immer ich es war, der ihn aufsuchte. Julius Hecker empfing, aber er kam nicht, weder zu mir noch zu meinem Kollegen. Bis er kurz vor der Währungsunion, beinahe von heute auf morgen, über starke Schmerzen in den Beinen und im Rücken klagte. Da saß er auf einmal in meiner Sprechstunde und fragte mich in seiner gelassenen Art, ob ich ihn untersuchen könne.

Jeder Schritt tat ihm weh, auch wenn er es nicht zugeben wollte. Eine Phlegmone oder ein Gichtanfall wären eine naheliegende Erklärung gewesen, denn er bewegte sich steif und schwerfällig, ein Unterschenkel war geschwollen und bis unter das Knie gerötet. Die Lymphknoten in den Leisten waren zwar massiv geschwollen, schmerzten aber nicht, außerdem sah er sehr blass aus, hatte erkennbar an Gewicht verloren und klagte über Leistungsminderung und dauernde Müdigkeit. Ich befürchtete das Schlimmste. Nach den Untersuchungen im Justizkrankenhaus stand dann zweifelsfrei fest, dass es sich um ein weit fortgeschrittenes Non-Hodgkin-Lymphom handelte. Der bösartige Tumor hatte schon weit ins gesamte Lymphsystem gestreut, was sich jetzt auch auf die Gelenke und seine Beweglichkeit auswirkte. Man könne immer noch alles versuchen und vor allem Lebenszeit herausholen, erklärte ich ihm, als er wieder zurück in Werl war. Manche Menschen leben mit so einer Diagnose noch fünf bis zehn Jahre, wenn nicht länger. Wichtig ist, mit der Behandlung schnell zu beginnen.

Aber Julius Hecker hatte sich offenbar entschieden, wollte nichts mehr versuchen, wie er mir in seiner unaufgeregten Art zu verstehen gab. Nie aufbrausend, nie ohne diese gewisse Contenance und auch in dieser schwierigen Situation nicht ohne eine Prise entwaffnender Selbstironie. »Diese Krankheit wird meine Ausfahrt von der Autobahn«, sagte er. »Und die nehme ich. Ansonsten reiße ich hier vielleicht noch acht Jahre ab, quäle mich mit den Nebenwirkungen und warte, bis die nächste Krankheit kommt. Werde vorher, wenn überhaupt noch lebend, nur in Siechtum und Krankheit oder zum Sterben entlassen. Nee, Doc, darauf hab ich keinen Bock mehr. Ich denke, Sie verstehen das.«

Den wenigen Gefangenen, mit denen Hecker einen eher oberflächlichen, kaum persönlichen Kontakt unterhielt, und den Beamten, die sich von Amts wegen mit ihm beschäftigen mussten, erschien die Entscheidung, sich nicht behandeln zu lassen, bloß wie der Auftakt zu einem undurchsichtigen Plan. Hinter den Mauern einer Haftanstalt wird schließlich so gut wie alles zuerst mal als hinterlistige Täuschung und berechnender Trick aufgefasst. Weil in keinem anderen Mikrokosmos so viele Fallstricke lauern, so viel gelogen wird, das Misstrauen alles beherrscht, und auch weil das alles im täglichen Einerlei für Spannung und Aufregung auf den Fluren und in der Personalkantine sorgt.

Schon seit Jahr und Tag scharwenzelten viele um Hecker herum, boten sich als Komplizen an, wollten ihm gerne helfen, an die Million zu kommen – natürlich gegen eine angemessene Beteiligung: Gemeinsam ließe sich doch leichter was einfädeln, mit etwas Unterstützung und Hilfe von draußen müsste es doch gelingen. Diese Angebote waren mal ernster und mal weniger ernst gemeint. So schlug ihm ein Pfleger im Justizkrankenhaus, der auch von dem noch nicht gehobenen Millionenschatz gehört hatte, in Anwesenheit aller einmal vor: »Komm schon Hecker, sag uns endlich, wo du die Asche gebunkert hast. Uns geht's hier gerade auch nicht so gut ... ich meine, bevor alles verfault.« Das brachte den Patienten und die Ärzte um ihn herum trotz der ernsten Umstände zumindest vorübergehend zum Lachen.

Wie sich die Leute gegenüber einem verhalten, der mutmaßlich auf einem Sack voller Geld sitzt, konnte man hier in der JVA auf einem überschaubaren Areal so beobachten wie bei einem wissenschaftlichen Experiment in einer Skinner-Box. Die Schleimer, die ihm kleinere und größere Gefälligkeiten anboten. Die Konspirativen, die auf die eine oder andere Art versuchten, sein Vertrauen zu gewinnen. Die Verständnisvollen, die ihm langsam unter die Jacke krochen und so probierten, ihn auf ihre Seite zu ziehen. Das ganze wundersame Panoptikum der menschlichen Gier.

Manchmal hatte ich den Eindruck, dass sogar der eine oder andere Beamte auf seinem Flur ihn höflicher und zuvorkommender behandelte, was nicht allein mit Empathie für einen Todkranken zu erklären war, sondern mehr mit der verlockenden Aussicht auf den Finderlohn. Denn die Bank hatte immerhin fünfzigtausend Euro für Hinweise ausgelobt, die zur Wiederbeschaffung der Millionenbeute führten.

Doch der Goldesel ließ sich nicht einfangen und schon gar nicht in eine Verschwörung hineinziehen. Er paktierte mit niemandem, er lächelte und schwieg, so wie er das schon seit seiner ersten polizeilichen Vernehmung vor Jahren hielt. Wenn ihn einer seiner Kunden darauf ansprach, schnitt er weiter die Haare und bemerkte mit stoischer Miene ganz nebenbei: »Halt einfach deinen dummen Schädel grade, sonst haste gleich kein Ohr mehr. Oder 'n richtigen Schmiss an der Backe. Such dir 'n Friseur, den du volllabern kannst!«

Als der Euro kam, wurde die Anstaltsleitung von der Ermittlungsbehörde oder Staatsanwaltschaft in Alarm versetzt. Alle Briefe von oder an Julius Hecker unterlagen plötzlich wieder der Zensur, vor allem die Briefe an seine Angehörigen wurden auf versteckte Hinweise kontrolliert. Ihn selbst schien das eher zu amüsieren. »Wenn ich hier einen Brief rauskriegen will, von dem keiner etwas mitbekommen soll, dann weiß ich doch, wie ich das anfangen muss«, sagte er mal. »Wofür gibt es Anwälte? Briefe an im Anwaltsregister ausgewiesene, verfahrensbevollmächtigte Rechtsanwälte eines Insassen dürfen nicht zensiert werden. Und wem das zu unsicher ist, wählt einen anderen Weg. Gegen eine kleine Gefälligkeit, nicht mehr als drei Bomben Kaffee oder drei Päckchen Tabak, bitte ich einen Mitgefangenen, der weniger im Fokus der Sicherheitsbeamten steht, einen Brief an seinen Anwalt zu schicken. In einem Begleitschreiben bittet dieser den Anwalt, den beigefügten, bereits adressierten und ausreichend frankierten Umschlag, der selbstverständlich nicht mit einem Absender versehen ist, einfach nur weiterzuleiten. Es muss schon mit dem Teufel zugehen, wenn das mal nicht klappt. In den allermeisten Fällen erledigen das die Anwaltsgehilfinnen beim Posteingang in der Kanzlei. Nur ganz selten, wenn jemand Skrupel bekommt oder vielleicht doch Verdacht schöpft, kommt so ein Umschlag mal zurück.

Ungeöffnet. Und selbst wenn, auch dann unterliegt alles dem Anwaltsgeheimnis, und man versucht's halt noch mal.«

Hecker war davon überzeugt, dass zu Beginn seiner Haft zeitweilig sogar seine Zelle verwanzt worden sei. Immer wieder habe man versucht, ihm einen möglichst vertrauenserweckenden Mitgefangenen auf die Zelle zu legen. Einen, der ihn permanent antextete, der zuerst mit eigenen, noch unentdeckten erfolgreichen Straftaten prahlte und dann nach wenigen Wochen mit dem Versuch startete, ihn möglichst unaufdringlich zu löchern. »Ich beobachte dich schon lange. Wir sind vom gleichen Kaliber, Profis und cleverer als alle anderen. Aber von dir kann ich noch was lernen. Hab gehört, du hast mal richtig abgeräumt, sechs Richtige, und die Schore immer noch sicher gebunkert. Respekt. Erzähl doch. Mit mir kannst du ruhig reden. Du weißt, einer wie ich kann sein Maul halten!« Plumpe Versuche, die einen wie ihn eher beleidigten.

»Die Nummer, mit der Wurst nach dem Schinken werfen, kenn ich zur Genüge. Und seh ich vielleicht aus, als ob ich doof wäre?«, fragte er mich, als er davon erzählte. Dann fuhr er fort, ohne meine Antwort abzuwarten: »Ich habe insgesamt fast zwanzig Jahre Knast auf der Uhr, ich kenne alle Tricks. Und da glauben die, sie brauchen mir einfach so 'nen Dummschwätzer auf die Zelle schicken, und ich fange an zu reden, weil ich vor Eitelkeit platze oder die Einsamkeit nicht länger aushalte. Was glauben die eigentlich, mit wem sie es zu tun haben?«

Die Nummer mit dem Spannmann sei übrigens schon mal gelaufen. Auch damals habe er nicht geredet, wie er versicherte. Trotzdem führte die Aussage eines ehemaligen Zellennachbarn zu einer zusätzlichen Freiheitsstrafe, denn dieser hatte vor Gericht unter Eid erklärt, dass Hecker sich auf der Zelle mit einem Überfall auf eine Sparkasse in Wesel gebrüstet habe. Die Aussage des Spannmanns vervollständigte die Indizienkette um das noch fehlende und letztendlich endscheidende Glied. Das Schwurgericht war von Heckers Schuld jedenfalls überzeugt. Während man dem Kronzeugen großzügig ein paar Jahre Haftverschonung gewährte, bekam Hecker die ganze Härte des Gesetzes zu spüren, schließlich war er einschlägig vorbestraft, hatte sich weiterhin geweigert zu kooperieren, seine Mittäter zu benennen und über den Verbleib der Beute Auskunft zu geben. Julius Hecker bekam deshalb noch mal sechs Jahre obendrauf.

Mit einem Augenzwinkern erklärte er mir: Er wolle gar nicht leugnen, dass er mehr verbrochen habe, als man ihm nachweisen konnte, aber besonders pikant an der Sache sei, dass sein Ex-Zellenkumpan im Verlauf weniger Jahre auffallend oft in verschiedenen Gerichtsverfahren den Kronzeugen gegeben hat. Er sei in nur drei Jahren noch sieben weitere Male angeblich jeweils der Buddy gewesen, dem einer in der Zelle absolut vertraulich von einer Straftat erzählt haben soll. Genauso oft habe er einen nicht geständigen Angeklagten schwer belastet, was letztlich zu dessen Verurteilung geführt habe. In diesem Stil habe der notorische Zeuge fleißig Punkte gesammelt. Ihm gelang also, etwas einzusparen, indem er dabei half, anderen was aufzuhalsen.

Klar, es war keine Weltverschwörung, die Julius Hecker mehr als bloß einmal in den Knast gebracht hat, es war seine unerschöpfliche kriminelle Energie. Die Art und Weise aber, wie man ihm dieses Ding angehängt hatte, hinterließ einen üblen Beigeschmack. Sie ist Teil eines fragwürdigen Systems. Auf der Suche nach Zeugenaussagen, die eine nicht vollständige, lückenlose Anklage dichtmachen oder die Glaubwürdigkeit eines Angeklagten unterminieren, schließen Staatsanwälte hinter den Kulissen auch fragwürdige Deals ab. Dabei bedienen sie sich der Knackis, die wie bestellt aussagen, für manchen Geschmack viel zu oft.

»Was würde ich nicht alles aussagen, wenn ich zur Belohnung schneller aus dem Knast rauskommen könnte? Welche Stimmen, welche intimen Geständnisse auf der Zelle hätte ich dann nicht alle gehört.« Letztlich liegt es an den Richtern, für wie glaubwürdig sie solche Aussagen halten. Die paar Jahre mehr im Hotel Werl hätten ihn unter anderen Umständen gar nicht so sehr gekratzt, sagte Hecker, als ich wieder mal auf seiner Zelle saß. Für so was hätte sich ein Vollblut-Knacki wie er längst eine dicke Haut zugelegt. Außerdem war der Knast inzwischen der einzige Kosmos, in dem er sich auskannte. Er hatte sich damit arrangiert, die beste Methode, es hier länger auszuhalten. Aber zu wissen, dass in der gleichen Anstalt – weniger als hundert Meter entfernt in einem anderen Gebäude – einer sitzt, der ihn angeschwärzt hat und dafür früher rauskommt: Das sei schon eine besondere Prüfung für ihn.

»Die Umstände, unter denen ich das letzte Mal verurteilt wurde, sind einfach nicht okay gewesen. Das war eine Riesensauerei. Und ich war's nicht mal, Doc. Diesmal nicht. Welcher Idiot macht denn so 'ne Klitsche in Wesel? Gleiches Risiko für wenig Beute, allein schon deswegen nicht!«

Dann noch mal das große Kino, als der Gefangene wieder mit SEK-Eskorte zu weiteren Untersuchungen nach Fröndenberg gebracht wurde und wieder zurück: ein Wink mit dem Zaunpfahl, ein Denkzettel, der sich im Nachhinein als krasse Fehleinschätzung erwies. Hier musste einer einfach ins Krankenhaus, weil er wirklich ernsthaft erkrankt war, nicht mehr und nicht weniger. Ich hatte ihm dazu geraten, ihn noch mal dazu überredet: »Verschaffen Sie sich wenigstens Klarheit. Lassen Sie sich auf links drehen, damit Sie wissen, woran Sie sind und wie viel Zeit Ihnen noch bleibt.«

Und die sagenhafte Schatzkiste: Sie blieb weiter im Verborgenen und beflügelte die Phantasien in der JVA. Was ja auch eine sehr anregende Denksportaufgabe sein kann.

Wasserdicht war nur, dass Julius Hecker Kopf der Bande gewesen war, die bei einem Überfall auf einen Geldtransporter vor einem Supermarkt im Münsterland über eine Million Bargeld erbeutet hatte. Nicht nur der Tathergang und das Tatmuster – präzise, eiskalte Ausführung und der Einsatz großkalibriger Waffen, damit niemand auf falsche Gedanken kommt – sprachen für ihn. Die DNA-Spuren auf zwei Zigarettenfiltern, die Spurensicherer in der Toilettenschüssel eines in Sichtweite des Tatorts gelegenen Schnellrestaurants fanden, überführten ihn schließlich. Denn vor dem Restaurant hatten die Täter offenbar auf die Ankunft des Geldtransporters gewartet. Er oder einer seiner Mittäter hatte die Kippen zwar vorsorglich in der Toilettenschüssel entsorgt und die Spülung betätigt, aber zwei Kippen waren nicht verschwunden. »Shit happens. Natürlich hatten die Bullen meinen genetischen Fingerabdruck in ihrer Datei. DNA, unter Knackis auch das Kürzel für: die nächste Arschkarte. Mein Alibi war nicht das beste, wie immer wollte ich meine Familie nicht hineinziehen. Okay, einen Vorteil hatte es, das Rauchen habe ich mir danach abgewöhnt«, erklärte er mir auf meine Nachfrage, warum er trotz aller Professionalität doch gefasst und verurteilt worden sei.

Im Prozess hatte er geschwiegen und das Strafmaß akzeptiert, die Identität seiner beiden Tatgenossen, die damals mit ihm entkommen waren, aber nie preisgegeben, auch wenn das sein Strafmaß mit Sicherheit erheblich reduziert hätte. Nicht nur in dieser Hinsicht war er durch und durch oldschool. Ein Mann mit festen Grundsätzen, der niemals einen Deal auf Kosten seiner Kumpane eingehen würde. Oder sich für irgendeinen Vorteil umdrehen lässt.

Wo sich die alten Buddys inzwischen aufhielten, ob es noch Kontakte gab oder wie die Tatgenossen heute zueinander standen: Auch darüber konnte in Werl nur spekuliert werden. Im schlechtesten Fall hatten sie die Beute längst untereinander aufgeteilt, ohne ihn zu berücksichtigen. Aber die erfahrenen Ermittler gingen ja von Anfang an davon aus, dass Hecker der Boss war, der die gesamte Beute an sich genommen hatte. Irgendwo musste sie also noch unangerührt liegen. Auch Jahre nach dem Raubüberfall war keiner der wenigen markierten Scheine aufgetaucht, niemand aus dem sorgfältig observierten Umfeld Heckers war mit ungewöhnlich hohen Geldbeträgen oder Ausgaben aufgefallen. Naheliegend der Gedanke also, dass in nächster Zeit alles versucht werden könnte, endlich eine Lösung zu finden. Aber egal, welche man sich ausmalte, keine funktionierte ohne ihn. Nur eines stand fest. Über eine Million Gründe sprachen dafür, dass seine Kumpane draußen weiter auf ihn warteten und auf sein Zeichen hin alles versuchen würden, ihn zu befreien, wenn sich nur eine halbwegs aussichtsreiche Gelegenheit dafür bot. Allerdings deutete schon länger nichts mehr auf Kontakte zu irgendwem hin. Er schickte und empfing schon lange keine Briefe mehr, jedenfalls keine, von denen man wusste.

So verging ein ganzer Sommer mit den wildesten Spekulationen darüber, was Julius Hecker wohl noch alles aushecken könnte. Ein Kinderspiel für Fortgeschrittene: eins, zwei, drei, wer hat das Geld?

Dabei rückten auch seine Frau, mit der er zwar noch offiziell verheiratet war, aber keinen Kontakt mehr unterhielt, und eine gemeinsame Tochter, zu der er aber auch keinen Draht mehr hatte, ins Zentrum genauer Betrachtungen. »Ach wissen Sie, Doc, ich bin viel zu lange wie ein streunender Hund unterwegs oder im Knast gewesen, war kein guter Ehemann und Vater«, antwortete er, als ich ihn einmal fragte, ob er überhaupt noch Kontakt zu Angehörigen draußen habe und wann er zuletzt mal Besuch von ihnen hatte. Seine Tochter sei jetzt schon achtundzwanzig. Seitdem er wieder im Knast sei, habe er sie nicht mehr gesehen, er habe das nicht gewollt, Knastbesuche seien nichts für Kinder, es bringe sie nur in Verlegenheit und belaste sie emotional. Und ihn ja auch. »Als ich mich entschieden habe, eine Verbrecherlaufbahn einzuschlagen, wusste ich doch, was ich dabei alles zu verlieren hatte. Ich will nicht, dass man mich bedauert oder sich für mich schämen muss. Ohne mich geht's ihr besser. Und meiner Frau auch. Schon vor einem Jahr habe ich ihr bei ihrem letzten Besuch hier gesagt, dass ich mich scheiden lassen will. Sie hat lange genug auf mich gewartet, die besten Jahre ihres Lebens in Angst um mich, allein oder mit mir in Besuchsräumen von Knästen verbracht. Jetzt wird sie bald fünfzig und hat endlich einen besseren Mann verdient, einen, der für sie da ist. Sie hat das zwar nicht gewollt, aber dann doch eingesehen. So ist es besser für sie, besser für mich«, erklärte er. Dann erzählte er mir von seinem Anwalt, der vorbeigekommen sei, damit er alles Nötige für die Scheidung unterschreiben konnte. Das sei nun auch geregelt. Offenbar wollte er ein ihm leidiges Thema wechseln, denn er deutete auf den Tisch, auf dem zwei Ausschnitte aus dem Wirtschaftsteil der *Frankfurter Allgemeinen Zeitung* lagen. »Darin geht's um gemeinnützige Stiftungen. Ein interessantes Thema, das mich gerade sehr beschäftigt«, erklärte er mit begeisterter Miene. Für ausgiebige Betrachtungen fehlten mir aber das nötige Wissen und die Zeit, daher verabschiedete ich mich schnell. Schließlich gab's auch noch andere Patienten, die ich mir ansehen musste.

Zum Herbst hin war Hecker dann nur noch ein Schatten seiner selbst. Er musste inzwischen jeden Meter in einem Rollstuhl zurücklegen, was von den anderen Gefangenen genau registriert und entsprechend vorwurfsvoll kommentiert wurde: Wieder einer, den sie hier einfach verrecken lassen. Schwere Krankheiten und langsames Sterben mit anzusehen, geht auch Schwerverbrechern im Knast an die Nieren. Die starken Schmerzmittel, die ich ihm anbot, nahm er nur an, wenn es anders nicht mehr auszuhalten war. Viel öfter sagte er: »Nein, danke, Doc, ich komme schon zurecht.«

Bedeutet es in der Endphase so eines Verbrecherlebens noch irgendwas, dass irgendwo da draußen vielleicht ein Haufen Kohle auf einen wartet? Diese Frage stellte ich mir öfter, wenn ich zwischendurch an den beeindruckenden Mann mit den unterhaltsamen Geschichten dachte. Hatte er für sein Vermögen, wenn es denn noch existierte, irgendeine Verfügung getroffen? Würde er es einfach aufgeben und verrotten lassen? Das konnte oder wollte ich mir bei einem wie ihm einfach nicht vorstellen.

Irgendwas wollte er offenbar vor seinem sich abzeichnenden Ende noch geregelt wissen, denn wenige Wochen vor Weihnachten parkte ein fülliger Mann in einem Dreiteiler seinen fliederfarbenen Porsche 911 auf dem Parkplatz vor der Anstalt. Gemeinsam betraten wir die Pforte. Dort musste er sich ausweisen und den Grund seines Besuchs angeben. Nur weil ich seinetwegen warten musste, bis die Beamten die Sicherheitsschleuse der Personalpforte für mich öffneten, erfuhr ich, dass es sich bei dem seltsam gekleideten Typen um Dr. Alexander M., einen Rechtsanwalt, handelte, der seinem Mandanten Hecker einen vereinbarten Besuch abstatten wollte. Der Pfortenbeamte bedeutete ihm freundlich, zur gegenüberliegenden Besucherpforte zu gehen und sich dort anzumelden. Mein erster und einziger Gedanke war, welches Urteil wohl mein ästhetisch überaus anspruchsvoller Patient über die Autofarbe seines Anwalts fällen würde. Aber ich habe ihn nie danach gefragt.

Kein Anwalt muss erklären, warum er seinen Mandanten in der JVA besucht – egal, ob es dabei um eine Anzeige, ein neues Verfahren, Beschwerden, ein Testament, notarielle Verfügungen oder Ähnliches geht. Fragen stelle ich auch meinen Patienten nie. Sie reden, wenn und worüber sie wollen, oder eben nicht. Meine ärztliche Schweigepflicht gilt so oder so. Und Hecker sah wohl keinen Grund, mit mir darüber zu sprechen. Der Anwaltsbesuch blieb mir nur wegen des Porsches in Erinnerung. Dass viele Anwälte einen kühnen Geschmack haben, wusste ich längst. Manche tragen sogar Aktenkoffer aus hellem Straußenleder oder Schweizer Uhren an Plastikarmbändern. Dann frage ich mich, was drückt das aus? Seriosität oder Nähe zum Klientel?

Es gebe jetzt nichts mehr zu tun, sagte Julius Hecker knapp, als ich ihn das letzte Mal besuchte. In seiner Zelle roch es bereits nach Tod, seine Haut sah blass aus wie Elfenbein, mit Mühe gelang es ihm zu sprechen. Nur eines sei ihm jetzt noch wichtig: Er wolle auf gar keinen Fall lebensverlängernde Behandlungen, wenn man ihn jetzt zum Sterben ins Justizkrankenhaus bringe. Auf die Regelung, ihn wenigstens für die letzte Etappe dahin zu verlegen, hatten wir uns gottlob geeinigt. Denn andere Gefangene, genauso wie das Personal, empfinden es als sehr belastend, wenn einer in seiner Zelle stirbt und auf einer Bahre auf den Flur hinausgeschoben wird. Mit den Füßen zuerst. Alle Gefangenen werden dann vorher in ihren Zellen eingeschlossen, und es herrscht eine gespenstische Stille. Jeder weiß, was da gerade vor sich geht. Auch ohne etwas zu sehen. So eine Erfahrung kann einen zu Beginn oder in der Mitte einer längeren Haftstrafe enorm runterziehen. Der beherrschende Gedanke: Vielleicht komme auch ich nur mit den Füßen zuerst hier raus. Darum heißt die Formel in jeder JVA: zum Sterben besser raus.

Sie kamen also noch einmal, um ihn nach Fröndenberg zu bringen. Diesmal war es ein einfacher Krankentransportwagen, in dem zwei gewöhnliche Justizbeamte neben ihm Platz nahmen, die keine Sturmhauben trugen. Es war eine ganz alltägliche Verlegung. An diesem Vormittag im Frühjahr stand ich neben der Trage, auf der er lag, und wusste, dass wir uns nicht wiedersehen würden.

Neun Tage später wurden wir informiert, dass Julius Hecker gestorben war. Ein Mann mit ganz viel Haltung, der bis zum Schluss nie über irgendwas gejammert hat – ganz gleich, welchen Schnitt er auf diese Weise machte. Kurz darauf richtete die Anstaltsleitung drei externen Friseurmeistern Räume ein, in dem sie den Gefangenen die Haare schneiden können. Drei Profis, die an verabredeten Tagen in die JVA kommen – und nicht ein einziges Haar auf dem Boden zurücklassen.

Zwei Wochen nach seinem Tod machte mich ein Gefangener, der als Essenausträger auf der Abteilung arbeitete und dem Hecker seine Zeitungsabonnements überlassen hatte, auf großformatige Todesanzeigen in den Wochenendausgaben mehrerer Zeitungen aufmerksam. Darin war zu lesen, dass Julius Hecker nach längerer, mit großer Geduld ertragener Krankheit gestorben sei. Die Beerdigung habe bereits in aller Stille stattgefunden. Von Kranz- oder Blumenspenden sei daher bitte abzusehen. Stattdessen bestehe für Trauernde die Möglichkeit, der Harry-Haller-Stiftung für herrenlose Hunde mit Sitz in Mülheim / Ruhr einen Geldbetrag zu spenden. Bankverbindung, Kontonummer und so weiter. Rührend fand ich auch das Zitat von Hans Christian Andersen: »Die Würmer haben das vergoldete Herz zernagt, die Spinne hat ihr Netz von der Krone bis auf den Sarg gesponnen. Vergänglich wie die Trauer der Sterblichen.«

Todesanzeigen schaue ich mir selten an, für einen Arzt sind sie oft traurige Belege für das, was die Medizin nicht zu leisten imstande ist. Heckers Anzeige habe ich in Erinnerung behalten, weil sie mich sehr überrascht hat. Nur wenige meiner Patienten bringen es fertig, sich so stilvoll von der Nachwelt zu verabschieden. Aber was mich viel mehr irritierte, war, dass ausgerechnet ihm solche Anzeigen so wichtig gewesen sein sollen. Dass er, wie ich kurz danach erfuhr, sein gesamtes mühsam angespartes Haus- und Eigengeld dafür ausgegeben hatte, passte irgendwie nicht zu dem Bild, das ich von ihm hatte. So eitel hatte ich ihn nicht eingeschätzt. Noch weniger hätte ich vermutet, dass ihm streunende Hunde am Herzen lagen. Andererseits war Hecker immer für eine Überraschung gut.

Seit seinem Tod fehlt eine besondere Farbe im Knast, die man nicht ersetzen kann. Eine andere, markante Farbe ist allerdings noch mal aufgetaucht, wenn auch nur ganz kurz. Das Unternehmen Porsche führt sie unter der Bezeichnung Flieder – Royal Purple beziehungsweise unter dem Farbcode 341 für alle Modelle des Typs 911, die bis 1975 damit verschandelt wurden. Und sie spielte eine kleine Rolle in einem Artikel, den ich ein halbes Jahr später in einer Regionalzeitung entdeckte.

»Brutaler Mordanschlag in der Essener Innenstadt«, lautete die Überschrift. Darunter eine Polizeimeldung: Alexander M., ein fünfundfünfzigjähriger Rechtsanwalt aus Mülheim / Ruhr, sei spätabends gegen 23 Uhr auf offener Straße erschossen worden. Er habe in seinem violetten Porsche 911 nahe dem Pferdemarkt an einer roten Ampel gestanden, als ein anderer Wagen daneben ebenfalls zum Stehen kam. Durch das offene Fenster seien drei Schüsse aus einer großkalibrigen Waffe abgefeuert worden, die das Opfer am Kopf trafen. Alexander M. sei an Ort und Stelle verstorben.

Am nächsten Tag fragte ich in unserer Besuchsabteilung nach, wie der ehemalige Anwalt von Hecker geheißen habe. Das Ergebnis bestätigte meine Vorahnung. Dann eine kurze Google-Recherche und großes Staunen: Alexander M. wurde im Anwaltsverzeichnis nicht etwa als Spezialist für Familienrecht geführt, sondern als Fachanwalt für Wirtschafts- und Steuerrecht. Außerdem firmierte er noch als Geschäftsführer und Notar der kürzlich gegründeten Harry-Haller-Stiftung für herrenlose Hunde.

Von da an suchte ich fast täglich nach neuen Berichten

zu dem Drive-by-Shooting. Dabei war mir auch das große Boulevardblatt gut genug, das Hecker nie angerührt hätte. Hauptsache, ich würde mehr erfahren. Endlich lieferten Staatsanwaltschaft und Polizei den Medien mehr Einzelheiten. Im Handschuhfach des Sportwagens seien Belege über Bareinzahlungen in auffälliger Höhe gefunden worden, alles Spenden, die auf das Notaranderkonto einer von dem Mordopfer verwalteten Stiftung geflossen seien. Die verdächtigen Transaktionen würden derzeit überprüft. Mehr könne aus ermittlungstaktischen Gründen nicht bekannt gegeben werden.

Und mehr wurde auch nicht bekannt, weder kurz danach noch irgendwann. Nicht mal Klaus-Peter, ein alter Bekannter von der Bochumer Kripo, gab mir mehr Details an die Hand, als ich ihn auf den Fall ansprach. Ihm hatte ich diskret Hinweise auf eine Verbindung zwischen Alexander M. und Julius Hecker gegeben. »Ich denke, du wirst auch in Zukunft nichts mehr darüber hören«, sagte er nur. »Denk besser gar nicht mehr dran.«

So weiß ich heute viel und doch beinahe nichts – je nachdem, wie man es nimmt. Kann mir aber in etwa denken, was da abgegangen sein muss, ohne genauere Zusammenhänge herstellen zu können. Ich kann mich noch gut erinnern, was er mir auf die Frage, ob seine Verbrechen sich denn für ihn gelohnt hätten, geantwortet hat: »Ach Doc, in meinem Job muss man immer damit rechnen, dass man erwischt wird und lange im Knast verschwindet. Richtig dumm gelaufen ist es, wenn du nach der Entlassung von Hartz IV leben musst. Dann warst du entweder ein Idiot oder ein Junkie. Ich bin keines von beiden!«

So engmaschig und argwöhnisch man ihn auch überwacht hatte und so krank und anfällig er zuletzt war, Hecker hatte es offenbar doch verstanden, Vorsorge zu treffen. Das heißt: die Beute bergen und umtauschen zu lassen. Dazu bediente er sich eines unverdächtigen freien Mitarbeiters. Ein Gefangener darf seinen Anwalt im Knast sprechen, wie schon gesagt, ohne dass ein Vollzugsbeamter danebensitzt. Privilegien eben, die mancher Jurist leicht missbrauchen kann, wenn ihm ein Angebot gemacht wird, das er nicht ausschlagen mag, selbst auf die Gefahr hin, dass ihn das zum Komplizen macht.

Es ist nur eine Vermutung von vielen. Wahrscheinlich sollte Alexander M. das Geld aus dem Überfall zunächst über die Stiftung waschen und danach Frau und Kind sowie den alten Kumpanen seines Mandanten ihren Anteil überbringen. Einen Anteil, den Hecker eventuell um eine Leistungspauschale für seine Haftstrafe gekürzt hatte: Ich habe für euch gesessen und dichtgehalten, dafür steht mir selbstverständlich mehr zu. Damit war womöglich nicht jeder einverstanden.

Noch weniger Nachsicht hat es gegeben, wenn Alexander M. sich selbst kräftig aus dem Jackpot bedient haben sollte. Kosten für Anfahrt und Beratung, Auslagen für Büro und die Einrichtung von Konten: Was da nicht alles zusammenkommt. Wenn er denn überhaupt jemals vorhatte, die ihm anvertraute Beute auftragsgemäß zu verteilen.

Irgendwas scheint gründlich schiefgegangen zu sein, bevor Julius Hecker starb, oder irgendwer in der Kette hat sich schwer betrogen gefühlt. Die Todesanzeige könnte in dem Zusammenhang Heckers Absicherung und letzte Botschaft gewesen sein für den Fall, dass sein Anwalt tatsächlich ein Solo versuchen sollte. Ein unverdächtiges Wasserzeichen an die ehemaligen Kumpane, das sie dezent, aber bestimmt auf die richtige Spur führt. Das genau war Heckers Stil. Einen, besser zwei Schritte vorausdenken und für das nötige Backup sorgen.

Zuletzt ist wohl nicht mehr lange diskutiert worden zwischen den Parteien. Stattdessen wurde die normative Kraft des Faktischen bemüht: bäng, bäng, bäng. Es sei denn, die Kugeln sollten bloß eine Strafe für die Lackierung des 911ers gewesen sein. In diesem Fall wäre umso mehr von knallharten Typen auszugehen.

Blutgruppen

Heute Vormittag ist Selcuk Karaman nicht glücklich. Der deutsche Arzt, der ihm eine Woche zuvor Blut abgenommen hat, will sein Problem einfach nicht erkennen. Alle relevanten Werte seien im grünen Bereich, erklärt ihm der; es liege nicht der geringste Grund vor, sich wegen seines Gesamtzustands zu sorgen. Also sei in seinem Fall auch keine Therapie nötig, und schon gar keine Transfusion. Und das sei doch die beste Nachricht, die ein Mensch nur erhalten könne.

Aber Herr Karaman reagiert auf die Botschaft, als versetze man ihm einen schweren Stoß. Fast flehentlich hebt er die Hände: Bitte, nein, noch mal nachdenken. Als er da unten in Gaziantep im Knast saß, hätten sie es ja auch so gemacht, alle zwei Monate habe er eine Bluttransfusion erhalten. Danach sei er »ein ganz neuer Mann« gewesen, jedes Mal. Und für die Kosten käme er schon auf, keine Sorge. In der Türkei sei das nicht anders gelaufen.

Ein Patient, der partout etwas anderes will als der Arzt, der ihn behandelt: Das ist in jeder normalen Praxis, auf jeder normalen Krankenstation ein Klassiker. Gerade heute, wo jeder, der etwas in einer Gesundheitssendung im Fernsehen gesehen oder im Netz gelesen hat, sofort kompetenter ist als so ein in Routine erstarrter Mediziner. Warum sollte das in der medizinischen Abteilung einer Justizvollzugsanstalt anders sein, bloß weil die Menschen da in einheitlichen Klamotten vorsprechen?

Ich bin es gewohnt, dass meine Patienten manchmal eine andere Vorstellung davon haben, was an Untersuchungen oder Behandlungen erforderlich ist. Hier kann man sich seinen Arzt nicht aussuchen, da gehört es zur Tagesordnung, dass Patienten mich beschimpfen, mich anschreien und mir mit einer Strafanzeige oder Beschwerde bei der Justizbehörde drohen. »Das lasse ich mir nicht bieten«, »Da werden Sie noch Spaß dran haben«, »Sie werden sich noch wundern«, »Sie hören von meinem Anwalt« – die ganze Litanei. Doch was Herr Karaman da will, ist auch für mich neu: regelmäßig eine oder besser zwei Blutkonserven intravenös transfundiert, ohne dass meiner Einschätzung nach eine nachvollziehbare oder gar zwingende medizinische Indikation dafür vorliegt. Warum bildet der Mann sich bloß ein, dass er das unbedingt braucht? Was soll das heißen: Das haben wir in Gaziantep auch so gemacht? Wie man in einem türkischen Knast die Gefangenen medizinisch versorgt, muss doch in Westfalen kein Maßstab sein.

Aber das sage ich Herrn Karaman jetzt nicht. Nur um ihm zu zeigen, dass ich ihn in seiner offenkundigen Not ernst nehme, und um ihn nicht völlig zu enttäuschen, biete ich ihm an, ihn regelmäßig eingehend zu untersuchen und ihm, wenn er sich schlapp fühlt, auch gern mal ein Aufbaupräparat zu geben. Etwas, das den Vitaminspiegel ein wenig anhebt. »Aber dringend ist das nicht. Sie sind fit genug, Herr Karaman.«

Seine Hände ruhen auf den Knien, während er lautlos den Kopf schüttelt. Als sei die Katastrophe, die er voraussieht, nun unausweichlich. Einen Moment später erhebt sich der

türkische Patient, um durch die Tür des Arztzimmers zu entschwinden, zurück auf seine Zelle. Und schon sitzt da, wo er
eben noch hockte, der nächste Patient.

Das dürfte vorerst das letzte Mal gewesen sein, vermute
ich, dass Karaman bei mir vorspricht. Viel weiß ich bis dahin
nicht über ihn. Nur dass er schon ein paar Jahre in der Türkei
im Knast gesessen hat, irgendwann entlassen wurde, nach
Deutschland gekommen ist und hier einen Mord begangen
hat. Das Opfer soll Mitglied der kurdischen Untergrund-
partei PKK und Gefolgsmann von Abdullah Öcalan gewesen
sein. So hieß es jedenfalls mal im Flurfunk.

Diesmal habe ich mich verschätzt. Schon zwei Tage später
sitzt der stämmige Mann mit den buschigen Augenbrauen
erneut im Wartezimmer. Als die Reihe an ihm ist, nimmt er
langsam vor mir Platz, blickt zuerst auf meine Mitarbeiter
und danach in mein Gesicht. Offenbar hat er sich irgendwas
vorgenommen. Ein neuer Ansatz, eine neue Idee – und eine
neue Eröffnung.

Ob er mal mit mir alleine sprechen könne, ohne dass andere dabei sind? Nur vier Augen, bitte, und nur vier Ohren.

»In Ordnung«, sage ich. »Kommen Sie morgen Vormittag
um zehn. Da habe ich Zeit für Einzelgespräche.«

Am nächsten Tag legt der Gefangene ohne lange Um-
schweife los. Sein Deutsch ist ziemlich flüssig für einen, der
erst vor etwas mehr als zwei Jahren hier angekommen ist. Der
kurze Vortrag wirkt authentisch, gut vorbereitet und struk-
turiert. Hier spricht kein Ziegenhirte aus Ostanatolien.

Er müsse einfach weiter diese Blutkonserven bekommen,
sagt Karaman. Und zwar regelmäßig alle drei bis vier Monate,
so wie das in der Türkei auch immer geschehen sei. Da habe
man ihm mit Zustimmung des Gefängnisdirektors gestattet,

regelmäßig eine private Praxis in Gaziantep aufzusuchen, weil es in türkischen Gefängnissen keine Anstaltsärzte gebe. Er habe sein Ehrenwort gegeben, und seine Familie habe dafür gebürgt, dass er seine Ausgänge nicht zur Flucht nutzen werde, und daran habe er sich immer gehalten. Der Arzt habe ihm jedes Mal eine, manchmal zwei Blutkonserven gegeben. Danach habe er sich für sechs bis acht Wochen richtig gut und stark gefühlt. Nachdem er in Deutschland ins Gefängnis gekommen sei, habe man ihm kein Blut mehr geben wollen, deshalb fühle er sich schwach und immer müde. Aber natürlich gebe es nirgendwo auf der Welt etwas ohne Gegenleistung, das verstehe er. Mit Geld sei hier ja nichts zu machen. Deshalb biete er im Gegenzug ein umfassendes Geständnis an.

Was für ein Geständnis?

Der Mord in Duisburg, für den er in Werl sitzt, sei längst nicht alles, nur der einzige in Deutschland. Tatsächlich habe er im Auftrag der türkischen Regierung gearbeitet, nachdem er in Gaziantep aus dem Gefängnis entlassen worden sei. Auftragsgemäß habe er dafür gesorgt, dass eine ganze Reihe von Menschen zum Schweigen gebracht wurde. »Dumme Menschen, gefährliche Menschen«, so Karaman. »Machen alles nur kaputt. Bei uns und hier bei euch. Überall in Europa.«

Insgesamt siebenundzwanzig Aufträge habe er so abgewickelt, einen davon in Deutschland und alle mit Erfolg. Siebenundzwanzig dumme Menschen, die jetzt für immer schweigen und nicht weiter Schaden anrichten. Alle Details dazu habe er lückenlos im Kopf: Namen und Orte, Vorgehensweise und Auswahl der Waffen. Wenn man das immer vernünftig plane und ordentlich mache, wie ein Profi eben, vergesse man so was nicht. Nie im Leben.

Dann kommt sein Vorschlag: Er liefere siebenundzwanzig umfassende Geständnisse, immer der Reihe nach, gegen frisches Blut in Form von Transfusionen – alle zwölf Wochen verabreicht.

Jetzt wäre ich an der Reihe. Nur fällt mir dazu auf Anhieb gar nichts ein, zum ersten Mal seit langer Zeit. Die Frage, die ich mir stelle, ist ja, wen ich da vor mir habe. Entweder ist dieser Mann ein hochgradig verstörter Patient mit verfestigten hypochondrischen Vorstellungen, Beeinträchtigungswahn und wirren Phantasien, dem ich dringend einen Vorstellungstermin beim Psychiater der Anstalt machen müsste, oder er ist tatsächlich ein Serienmörder und Auftragskiller, der in wenigen Jahren siebenundzwanzig Menschen beseitigt hat. Nicht zu reden von den Taten, für die er nach eigener Einlassung schon im türkischen Knast gesessen hat.

Mit durchgeknallten Gefangenen kenne ich mich eigentlich ganz gut aus. Als ich noch im Justizkrankenhaus Fröndenberg arbeitete, lag auf meiner Abteilung zum Beispiel mal ein Junkie, der verdächtig oft epileptische Anfälle bekam – trotz der Medikamente, die er dagegen erhielt. Bis ich während eines Anfalls mit einem unangekündigten Reflextest herausfand, dass er die Krämpfe bloß sehr beeindruckend simulierte, um an Benzodiazepine heranzukommen, die man dann spritzt. Als er dann den Stoff nicht mehr bekam, drehte der HIV-positive Patient völlig durch, schnitt sich in seiner Rage die Pulsadern an den Handgelenken auf und tobte. Das hatten die Krankenschwestern durch den Türspion beobachtet, bevor sie den Hausalarm auslösten. Ein halbes Dutzend Beamte, ausgerüstet mit Helmen, Schutzkleidung, dicken Handschuhen und Plexiglasschilden, formierte sich neben und hinter mir, als ich die Tür zu seinem Krankenzimmer öffnete, bereit, den Tobenden zu überwältigen und mich zu schützen für den Fall, dass er auf mich losgehen sollte. Für Außenstehende hat das wie ein gut trainierter Antiterroreinsatz ausgesehen. Und der Patient: Der lag nackt auf einem großen Trümmerhaufen aus Bettzeug, heruntergerissenen Vorhängen und Lichtleisten sowie zerstörten sanitären Einrichtungsgegenständen. Alles, was er aus seinem Krankenzimmer, aus Toilette und Dusche herunterreißen und zerschlagen konnte, hatte er in der Mitte des Raums zu einem Haufen aufgeschichtet. Aus den tiefen Schnittwunden an seinen Handgelenken spritzte weiter das Blut, und er sonderte völlig wirres Zeug ab. »Dieses Land braucht frisches Blut!«, schrie er, und noch mal: »Der Kanzler braucht frisches Blut!«

In solchen Momenten fragt man sich auch als Arzt, ob man gerade nur ganz schlecht träumt oder womit man das verdient hat, was sich da gerade vor einem abspielt.

Für einen höhergradig Geistesgestörten fehlen Herrn Karaman allerdings so ziemlich alle Symptome. Zumindest nach dem, was ich darüber weiß. Außerdem möchte er kein Blut an deutsche Politiker spenden, sondern selbst Erythrozytenkonzentrate transfundiert bekommen.

Also kaufe ich mir erst mal etwas Zeit.

Ich könne so was selbstverständlich nicht allein entscheiden, beginne ich, könne sein Angebot nur an geeignete Stellen im Hause weiterleiten. Allerdings nur dann, wenn er damit einverstanden sei und mich von der ärztlichen Schweigepflicht entbinde. Doch selbst dann sähe ich, wie schon gesagt, weiter keine zwingende Indikation für die Gabe von Blutkonserven. »Und wenn jemand keine Transfusion braucht, dann sollte er aus medizinischer Sicht auch keine erhalten.«

Wie bin ich mit Herrn Karaman an diesem Tag verblieben, was genau haben wir ausgemacht? Ich weiß nur, dass er sich bald erhoben hat, um mir noch auf dem Absatz etwas Bedenkzeit zu geben: Ich könne das gerne mal »nach oben« leiten und ihn informieren, wenn etwas entschieden ist. Er, Selcuk Karaman, stehe jedenfalls zu seinem Wort.

Das Nächste, woran ich mich erinnere, ist die reichlich konsternierte Miene von Paul Sobotta. Der Leiter der Abteilung Sicherheit und Ordnung in der JVA starrt mich ungläubig an, als ich ihm tags darauf in seinem Büro von meiner Begegnung mit dem türkischen Gefangenen erzähle. Für einen kurzen Moment mag er vielleicht sogar vermutet haben, dass ich gleich loslache und meinen schlechten Scherz erkläre. Oder dass hier mit versteckter Kamera für einen TV-Sender gefilmt wird.

Aber ich lache nicht, denn bis zum Beweis des Gegenteils ist das hier verdammt ernst. Eine Nummer zu groß, wie Sobotta erklärt, nachdem er mir aufmerksam zugehört hat. Viel zu groß, als dass wir das intern, ohne Unterstützung von kompetenteren Stellen bewältigen können.

»Siebenundzwanzig Auftragsmorde«, wiederholt er ungläubig. »Wann will der eigentlich mal geschlafen haben? Und bitte, das bleibt erst mal unter uns!«

Unser Sicherheitschef verschafft sich zunächst einen eigenen Eindruck, redet mit Karaman, danach nutzt er seine kurzen Drähte, um die Abteilung OK (Organisierte Kriminalität) im Landeskriminalamt Düsseldorf und den Staatsschutz beim BKA über die Causa Karaman zu informieren.

Außerdem versucht er anhand der Akten und durch Telefonate mit den Ermittlungsbehörden herauszufinden, was man zwischen Rhein und Bosporus bisher über den türkischen Gefangenen weiß. Die Situation aufklären, wie das in seiner Sprache heißt. Das fördert einen bewegten Lebenslauf zutage.

Karaman, 1951 in Diyarbakir, in Südostanatolien unweit der Grenzen zum Iran und Irak geboren, beginnt als furchtloser junger Mann eine Kampfausbildung bei der türkischen Luftwaffe und steigt dann schnell einige Dienstgrade auf. Nach der Armeezeit verdingt er sich als Leibwächter, Drogenkurier und Inkasso-Spezialist, auch für einflussreiche Drogenhändler. Ein Regulator, der im Auftrag tätig wird, ganz nach Bedarf dazwischengeht oder Probleme löst. Unauffällig und effektiv. Als er selbst am Flughafen von Ankara mit mehreren Kilo Heroin erwischt wird, handelt er sich dafür in den Achtzigerjahren die Todesstrafe ein. Die türkischen Behörden sind zudem überzeugt, dass die Drogen zur Finanzierung der Kriegskasse der PKK dienen sollten. Er dagegen glaubt, dass man ihn damals verpfiffen hat, um ihn auf elegante Art loszuwerden.

Das Urteil wird, wie in der Zeit häufiger üblich, bald in eine lebenslängliche Haftstrafe umgewandelt; die verbüßt Karaman in Gaziantep, einer Millionenstadt im Südosten von Anatolien. Hier wird die Ursache seiner Blutarmut erstmals diagnostiziert: eine leichte Form der Thalassämie, eine in der Mittelmeerregion recht häufige, genetisch bedingte Erkrankung der Blutkörperchen, die eine mehr oder minder ausgeprägte Anämie verursacht. In seinem Fall tatsächlich kein wirklich besorgniserregendes Krankheitsbild, denn nur die viel seltenere, bedrohliche genetische Variante der Thalassämie, die Major-Form, bedarf regelmäßiger Behandlungen und kann gelegentlich auch mal Transfusionen oder noch intensivere Maßnahmen erfordern, um einen tödlichen Verlauf abzuwenden.

Etliche Jahre später aber wird Selcuk Karaman in Duisburg verhaftet, nach einem Auftragsmord, so viel steht fest, denn zwischen Opfer und Täter gab es keine Verbindungen, sie kannten sich vorher nicht. Karaman war erst wenige Tage zuvor aus Antalya angereist, Hinweise für ein anderes Motiv konnten nicht ermittelt werden.

Aber wie das zusammenpasst, ist auch für Sobotta weiter ein Rätsel. Sie müssen ihn in der Türkei begnadigt haben, aus irgendeinem Grund, oder sie haben einen Deal mit ihm gemacht. Jedenfalls hat er danach auch in Deutschland zugeschlagen und dafür LL bekommen – lebenslänglich. Von dem Strafmaß soll er mindestens zwölf Jahre hier verbüßen, lautet die Vorgabe im Urteil, bevor er in sein Herkunftsland abgeschoben werden kann. Grund genug für Sobotta, sich noch mal eingehender mit dem türkischen Gefangenen auf dessen Zelle zu unterhalten. Dabei erfährt er erstaunliche Einzelheiten – weil der offenbar gar kein Problem damit hat, sie zu erzählen.

Natürlich habe er im Knast von Gaziantep schon nach wenigen Monaten einen Deal gemacht, so Karaman: Zuerst habe er Hafterleichterungen erreicht gegen Informationen über andere Gefangene. Vor allem über Gefangene mit politischem Hintergrund, besonders aus dem näheren Umfeld der PKK. Dafür habe er manche Wochenenden und Feiertage draußen bei der Familie verbringen können. Wenn er zurückkam, habe er für Angestellte und Wärter immer etwas mitgebracht. Kleine Geschenke und Zuwendungen, mit denen sich seine Verwandten für die gute Behandlung und die Freiheiten bedankten, die man ihrem Selcuk zuteilwerden ließ.

Der berüchtigte, knallharte Knast in der Türkei: für den Kollaborateur und Spitzel bloß eine sehr schlichte, staatliche Herberge, in der er nur noch in Teilzeit einsitzt. »Wie hier im offenen Vollzug«, erklärt er. Später habe man ihn überall dort eingesetzt, wo es darauf ankam, das Vertrauen von Mitgefangenen zu wecken, um an knastinterne oder geheime Informationen zu kommen. In der Wäscherei, der Außenkolonne und zuletzt in der Kantine. Er habe auch dabei geholfen, Wärter, die für die PKK-Gefangenen Kurierdienste leisteten, zu überführen. Dafür, so schildert Karaman weiter, habe er alle zehn bis zwölf Wochen in der Stadt auch einen Privatarzt aufsuchen dürfen, um Blutkonserven zu bekommen, die seiner Überzeugung nach die Krankheit in Schach gehalten und sein Wohlbefinden verbessert hätten. Selbstverständlich habe er den Arzt dafür im Voraus bezahlen müssen, so wie es in der Türkei ohnehin üblich sei. Die tausend Mark, die das jedes Mal kostete, habe seine gut situierte Familie ohne Probleme aufgebracht.

Nach fünfeinhalb Jahren habe man ihn dann ganz rausgelassen, erzählt Karaman weiter, damit er andere, wichtigere Aufträge erledigen konnte. Schließlich sei er mal ein guter Soldat in der Armee gewesen, betont er mit Nachdruck. In der Zeit danach habe er meistens allein gearbeitet, zunächst im benachbarten Kurdengebiet, das sich über die Grenzen der Türkei auf iranisches, irakisches und syrisches Hoheitsgebiet erstreckt. Dort habe er Menschen ausfindig gemacht und besucht, die schlimme Sachen vorhatten, Terroranschläge oder Aktionen, die das Ansehen der türkischen Republik und der Militärregierung beschädigten. Kurdische Terroristen, ihre Unterstützer und ihnen nahestehende Journalisten. Er habe dafür gesorgt, dass sie keinen Schaden mehr anrichten konnten. Die Befehle, die er erhalten habe, habe er zuverlässig und gewissenhaft ausgeführt, deshalb seien mit der Zeit auch Aufträge im Westen der Türkei, in Istanbul und Izmir dazugekommen, und zuletzt der in Duisburg.

»Was geschieht jetzt weiter mit ihm?«, frage ich Paul Sobotta, als er mir das in seinem Büro unter vier Augen erzählt. »Ich weiß nämlich eins: Eine Bluttransfusion kriegt der von mir nicht. Selbst wenn er hundert Fälle gestehen will. So sehr ich auch nachvollziehen kann, dass er sich nach der Gabe von Blutkonserven besser gefühlt hat. Aber was das angeht, hat er offenbar eine Macke. Der hat ganz einfach über lange Zeit Blutdoping betrieben, und weil er sich jetzt schlecht fühlt, gerät er in Panik. Oder wie siehst du das?«

»Wart's ab«, sagt Paul. »Noch ist die Nummer nicht durch. Ich bin mir aber ziemlich sicher, dass wir bald Besuch bekommen werden. Von Leuten, die du vielleicht nicht kennenlernen willst. Mach dich auf jeden Fall mal auf was gefasst ...«

Nur gibt es Momente, auf die man sich überhaupt nicht vorbereiten kann. Das weiß Sobotta genauso gut wie ich. Etwa eine Woche später bin ich es, der nicht glücklich ist. In meinem Büro drängen sich zeitweilig fünf Männer, davon vier in dezentem Business-Outfit, und reden abwechselnd aufeinander ein, manchmal auch gleichzeitig. Wenigstens einen von ihnen, nämlich Paul Sobotta, kenne und schätze ich. Die übrigen vier, die er im Schlepptau unauffällig über den Hintereingang des Krankenreviers hereingeführt hat, habe ich nie zuvor gesehen; sie könnten mir im Zweifel auch gestohlen bleiben.

Zwei von den vier Typen, die da wie Pharmareferenten herumstehen, sind offenbar Mitarbeiter des BKA, Abteilung Staatsschutz. Die beiden anderen sollen türkische Kollegen sein, was immer das heißen mag. Wer sie sind und für wen sie arbeiten, erfahre ich nicht. Alle vier drücken mir nur kurz die Hand, während ich mich vorstelle. Sie selbst scheinen keine Namen zu haben oder behalten sie lieber für sich. Einer der BKA-Beamten unterhält sich auf Türkisch mit seinem argwöhnisch dreinblickenden Begleiter. Ich entscheide mich schnell, ihnen mein großzügiges Büro zu überlassen, und ziehe mich in ein kleineres Untersuchungszimmer zurück, das genau gegenüber auf der anderen Seite des Abteilungsflurs liegt.

In einem angrenzenden Behandlungsraum sitzt Selcuk Karaman. Er ist der Mann, um den sich der ganze Aufriss in den nächsten Stunden dreht – in kleinen, wechselnden Gesprächskreisen hinter den verschlossenen Türen der medizinischen Abteilung. Im Zweifel ist hier der verschwiegenste Ort in der gesamten Anstalt, den niemand einsehen oder eben mal ohne triftigen Grund besuchen kann. Wo keiner groß nachfragt, wer da alles aufgetaucht ist und warum.

Verantwortlich dafür ist Paul Sobotta, der sich als Erster zurückzieht. Seine Anrufe bei den Kriminalämtern sind dort offenbar sehr ernst genommen worden. Nun wollen BKA und, weiß der Teufel, wer noch alles wissen, ob Selcuk Karaman auf deutschem Boden eventuell doch weitere, bisher ungeklärte Straftaten begangen hat. Aber ohne Unterstützung durch die türkischen Kollegen können sie kaum einschätzen, wie glaubhaft dessen Geständnisse sind. Die wiederum können bei der Gelegenheit vorfühlen, was der Gefangene über seine Auftragsmorde und angeblichen Auftraggeber in offi ziellen Stellen in Ankara oder sonst wo alles erzählen will. So verfolgt jeder in der bunt zusammengewürfelten Abordnung letztlich seine eigenen Interessen und behält die anderen argwöhnisch im Auge.

Für mich ist das eine doppelte Premiere. Bisher habe ich nicht gewusst, dass Mitarbeiter deutscher Kriminalämter türkische Kollegen hinzuziehen, wenn ein in Deutschland einsitzender Gefangener mit türkischem Pass aussagen will. Auch wenn sich das Ganze in einer Zeit abspielt, in der man nicht nur politisch freundlichere und intensivere Beziehungen pflegte. Außerdem habe ich noch nie so viele Satellitentelefone mit ausladenden Antennen auf einmal gesehen. Genau genommen habe ich bis dahin noch gar kein Satellitentelefon gesehen. Nur gehört, dass sie die beste Lösung sind für Gespräche, die über lange Strecken und jenseits unsicherer Mobilfunknetze getätigt werden müssen.

Über diese Apparate gleichen die beiden Türken mit Kollegen in der Ferne offenbar immer wieder Details ab, die Karaman zu einem seiner Auftragsmorde angibt. Seine ersten Einlassungen scheinen zu beweisen, dass es sich tatsächlich nicht um Spinnerei, sondern um originäres Täterwissen handelt. Jedenfalls steht einer der deutschen Ermittler bald vor mir, um sich zu erkundigen, ob das mit den Blutkonserven doch noch irgendwie über die Bühne gehen könne. Karaman habe überzeugend vorgelegt; nun wolle er wissen, ob er auch bekommt, was er im Gegenzug verlangt.

Und damit bin ich jetzt derjenige, der unangenehme Fragen beantworten soll: Warum wollen Sie dem Kerl keine Transfusionen geben, wenn er doch so vehement darauf drängt? Was kann denn schon passieren, wenn er von Ihnen frisches Blut bekommt, selbst wenn er's nicht dringend braucht? Er will es doch so, ist mit allem einverstanden und unterschreibt alles, was Sie wollen. Der will so schnell wie möglich zurück in seine Heimat, in den Knast nach Gaziantep, mehr nicht. Nur einmal eine Konserve, danach sind Sie den für immer los. Können Sie sich denn nicht vorstellen, was für uns davon abhängt, dass der Typ weiter aussagt? Wir müssen ihn irgendwie am Reden halten. Können wir auf Ihre Mitwirkung zählen?

Ich kann meinerseits nur wiederholen, was ich dem Gefangenen schon gesagt habe. Kein Arzt wird eine Bluttransfusion verabreichen, wenn keine dringende Indikation dafür vorliegt. Jeder wisse um die Komplikationen, die dabei auftreten können: Unverträglichkeiten, Embolien, Gerinnungsstörungen und Ähnliches. Blutprodukte dürfen eben aus gutem Grund nicht ohne zwingende Indikation verabreicht werden.

Dann übersetzt der deutsche Kriminalbeamte den beiden türkischen Kollegen, was ich ihm gesagt habe. Diese nicken, schauen sich etwas ratlos an und begeben sich auf den Flur, weit genug von allen anderen entfernt, um irgendwas in ihre Telefone zu tuscheln. Vielleicht ist am anderen Ende jemand von der türkischen Botschaft in Berlin, vom Nachrichtendienst oder von einer Regierungsstelle in Ankara. Bei aller Neugier bin ich mir nicht mehr sicher, ob ich das wirklich wissen will.

Die Diskussion dreht sich bald im Kreis, ohne dass die Beteiligten vorerst eine akzeptable Lösung finden. Irgendwann kommt einer der deutschen Kriminalbeamten wieder zu mir, um einen Vorschlag zur Güte zu machen. »Sie haben doch bestimmt auch ganz harmlose Infusionen hier, mit 'n paar Vitaminen, Eisen und so. Irgendwas, das möglichst nach Blut aussieht. Warum geben Sie ihm keine davon? Vielleicht lässt er sich ja darauf ein und redet weiter. Lange lässt der sich nicht mehr hinhalten.«

»Ich kann mir zwar nicht vorstellen, dass der sich damit abspeisen lässt«, gebe ich zurück. »Zumal ich ihm so was schon vorgeschlagen habe. Aber meinetwegen können Sie es ihm gern noch mal anbieten.«

Die anderen nicken zustimmend, als ihnen die Idee erläutert wird. Dann wechseln alle wieder ins Behandlungszimmer, um dort auf Karaman einzureden. Der schaut von einem zum anderen, bevor er schließlich energisch den Kopf schüttelt und lamentiert. Ich kann es von meinem Platz aus durch die offene Tür beobachten und darf mich bestätigt fühlen. Karaman will keinen harmlosen Vitamin-Mix, sondern eine richtige Bluttransfusion. Alles andere akzeptiert er nicht. Damit richten sich alle Augen gleich wieder auf mich.

Aber ich habe mich entschieden, nach dem ganzen Schauspiel erst mal auf den Hof rauszugehen, um mir die Beine zu vertreten und eine Zigarette zu rauchen. Dabei kann ich mir in größerer Ruhe überlegen, wo in diesem kuriosen Poker meine Schmerzgrenze ist. Wie lange gehe ich noch mit, und wann steige ich aus? Könnte das, was man von mir erwartet, noch als ein halbwegs verzeihlicher »Off Label Use« durchgehen, also als die halbwegs verzeihliche Verabreichung eines Arzneimittels jenseits des noch zulässigen Gebrauchs und der gängigen Empfehlungen? Aber aus welchem verdammten Grund sollte ich das Ethos meines Berufs verletzen, mich vielleicht sogar straf- oder wenigstens angreifbar machen oder meine Reputation aufs Spiel setzen? Warum soll ich mich von diesen vier Typen, die sich wie Bluthunde auf eine

Spur gesetzt haben und nicht aufgeben wollen, zu etwas überreden lassen, von dem ich nicht überzeugt bin?

Also verabrede ich mit den aufdringlichen Besuchern eine kurze Verhandlungspause. Sollen die doch erst mal sehen, wie sie ohne mich klarkommen. Nicht meine Baustelle. Warum soll ich deren Problem auch zu meinem machen?

In dieser Pause ist mir auch wieder eingefallen, wann und wo ich schon mal etwas Vergleichbares erlebt habe. Mit einer ähnlichen Ansammlung von Polizeikräften, einer ähnlichen Aufregung und einem fast genauso flauen Gefühl in der Magengegend.

Damals arbeite ich seit etwa drei Jahren als Arzt im Justizkrankenhaus Fröndenberg, Bereitschafts- und Nachtdienste inbegriffen, als sie uns abends gegen neun einen »mit der Schraube« bringen. Der Helikopter hat den herzkranken Mann im niederländisch-belgischen Grenzgebiet abgeholt. Dort ist er von einem Europol-Einsatzkommando in seiner festungsartig gesicherten Villa verhaftet worden. Jetzt sind gleichzeitig mit dem Heli mehrere gepanzerte Limousinen und eine Reihe von SEK-Beamten als zusätzliche Eskorte eingetroffen. Die meisten in dunkle Kampfanzüge gekleidet, nur zwei in Zivil. Mit den Gestalten im Nacken sollen wir nun retten, was hoffentlich noch zu retten sein wird.

Aber das wird schwer, verdammt schwer, vorsichtig ausgedrückt. Der vierschrötige, gedrungene Mexikaner jenseits der fünfzig, der mit bläulich blassem Gesicht, einer Sauerstoffmaske über Mund und Nase gestülpt und in getrübtem Bewusstseinszustand auf der Trage hereingeschoben wird, ist offenbar schwer herzkrank und muss sofort auf die Intensivstation. Wenn nicht noch ein kleines Wunder geschieht, droht er innerhalb der nächsten Stunden ins Koma zu fallen, schlimmstenfalls zu sterben. Entsprechend müssen wir uns beeilen: ihn sofort an die Beatmung anschließen und alles, was denkbar ist und hilft, in die Infusionen und Perfusoren hineingeben. Und dann weiter engmaschig kontrollieren, was mit ihm geschieht. Für eine Operation ist seine Herzinsuffizienz schon zu weit fortgeschritten. Davon hatte er schon zwei und auch alle denkbar möglichen Stents in den Kranzgefäßen. Ein kardiologisch austherapierter Patient, wie das nüchtern heißt, wenn schon alles gemacht wurde, was geht.

Der bräuchte eigentlich jetzt unsere ganze Konzentration. Aber alle paar Minuten kommt einer von den Wichtigtuern ins Arztzimmer der Intensivabteilung, um sich über die Lage zu informieren. Männer von Europol und von der Abteilung Organisierte Kriminalität (OK) im LKA, die den Patienten lückenlos im Auge behalten und mit gespielter Beiläufigkeit immer die gleichen Fragen stellen.

Wie stehen die Chancen?

Kommt er denn durch?

Kann man nicht noch was anderes versuchen oder ihm noch was geben?

Später flüstert mir ein jüngerer LKA-Mann in einer kurzen Zigarettenpause zu, wer da im Intensivbett liegt. Es ist Ruben Mendoza alias El Tanque, der Panzer: einer der Chapos aus der Familia Michoacana, wie man das mächtige Drogenkartell aus dem gleichnamigen Bundesstaat in Mexiko nennt. Der habe sich vor einiger Zeit nach Europa abgesetzt, um hier seine Verbindungen auszubauen und sich mit Frau und Kindern in einer Villa einzurichten, die nah genug an den großen Flughäfen und den besten Herzkliniken liegt: Brüssel, Düsseldorf, Amsterdam. Ein angeschlagener Anführer, gesundheitlich in einem kritischen Zustand, sein drohendes Ende vor Augen, ein Mann, der vor seinem Abgang noch einiges regeln möchte.

Doch bald waren andere Narcos, die amerikanische Drug Enforcement Agency (DEA) und europäische Drogenfahnder auch hier hinter ihm her. Da habe sich El Tanque wohl gesagt, dass es immer noch besser ist, in die Fänge der Ermittler zu geraten als in die der Zetas oder sonst eines rivalisierenden Clans. Lieber in Handschellen von der Polizei abgeführt als von Konkurrenten mit Schnellfeuerwaffen oder einer Kettensäge liquidiert werden. Deshalb schloss er mit verdeckten Ermittlern und Agenten der Ermittlungsbehörden einen Deal: Umfassende Aussagen über die Kommandoebene der Familia gegen Sicherheitsgarantien für Frau und Kinder plus eine neue Identität. Die Kronzeugenregelung, das Zeugenschutzprogramm.

Die Verhaftung durfte auf keinen Fall wie verabredet aussehen, um den nötigen taktischen Vorsprung zu gewinnen. Darum das große Kino beim Zugriff im Grenzgebiet. Straßensperren, gepanzerte Einsatzwagen, aus denen Spezialkräfte herausspringen, Helikopter und ein Drogenboss, der zusammen mit seinen Bodyguards noch zu entkommen versucht. Offenbar sehr überzeugend von Mendoza gespielt, sogar noch als er sich bald an die Brust griff und zusammensackte. Die Aufregung war zu viel für sein krankes Herz gewesen. Seit diesem Moment steht mehr als nur sein Verbrecherleben auf der Kippe. Mendozas Informationen könnten einen wahren Schatz im Kampf gegen die Drogenkartelle bedeuten, gibt der junge LKA-Beamte mir zu verstehen – nur ist der bis jetzt noch nicht gehoben worden.

»Dieses Arschloch darf meinetwegen abkratzen«, sagt er. »Aber nicht in den nächsten Wochen und auf keinen Fall heute Nacht.«

Von all dem weiß ich noch nichts, als ich mit den Kollegen stundenlang alles versuche, um Mendoza auf der Seite der Lebenden zu halten – inklusive eines temporären Herzschrittmachers, den wir ihm in großer Eile einsetzen. Ich mache das auch nicht für die nervösen Leute hinter meinem Rücken, die ihn wie eine kostbare dreitausend Jahre alte chinesische Vase im Auge behalten. Nein, nur weil es mein Beruf ist und zu meiner Verantwortung gehört.

Doch gegen Mitternacht fällt Mendoza wie befürchtet ins Koma, und zwei Stunden später hat sein Herz endgültig aufgehört zu schlagen. Wir schalten alle Maschinen ab, es macht keinen Sinn mehr. Manchmal ist einer einfach nicht mehr zu retten. Dann kann keine Medizin, kein Arzt der Welt mehr etwas ausrichten, und in der Nacht ist das so.

Die kostbare Vase ist heruntergefallen und zersprungen. Niemand macht mir und meinen Kollegen deshalb Vorwürfe, als sich die LKA-Beamten im Morgengrauen von uns verabschieden und in ihren gepanzerten Limousinen entschwinden. Aber ihre Mienen können die große Enttäuschung nicht verhehlen. El Tanque wird alles, was er erzählen wollte, mit ins Grab nehmen. Das geht wohl auch dem jüngeren Beamten durch den Kopf, der mich eingeweiht hat, als er mir zum Abschied die Hand gibt.

»Eins ist doch klar«, sagt er noch. »Wenn die Nachricht von seinem Tod erst mal die Runde macht, werden überall die Champagnerkorken knallen. Nicht nur in Mexiko, sondern auf der ganzen Welt. Das gibt so einen lauten Knall, dass wir uns die Ohren zuhalten müssen.« Augenzwinkernd setzt er noch hinzu: »Jeder von euch, der heute Nacht dabei war, sollte aufpassen, dass er in nächster Zeit nicht überraschend zu viel Geld kommt. Das müsste er uns ansonsten genauer erklären ...«

Kostbar: Das Wort gebrauchen auch die dezent gekleideten Männer, die hinter mir in der medizinischen Abteilung der JVA hin- und herlaufen. Es seien tatsächlich sehr kostbare Hinweise, wiederholen sie in einer Vernehmungspause noch einmal, die sie sich von Karamans Aussagen erhofften. Weshalb doch irgendein Weg gefunden werden müsse, auf seine Wünsche einzugehen. Einer der BKA-Männer, die da so geschniegelt wie Bankangestellte vor mir stehen, ist sogar kurz davor, die Etikette zu verlieren. »Mein Gott«, raunzt er mich an, »jetzt geben Sie ihm doch endlich die verdammte Brühe! Natürlich hat der 'ne Macke, jedenfalls was seine Blutarmut angeht, aber alles andere, was er uns erzählt, hat Hand und Fuß. Und nur wegen der Macke redet der überhaupt mit uns. Der hat 'n Haufen Menschen umgebracht, eiskalt und gewissenlos, warum stellen Sie sich bei dem so an?«

»Weil sich Ihre Interessen nicht mit meinen decken und dem, was ich zu verantworten bereit bin. Ich bin nur den Regeln meines Berufs und der Gesundheit meines Patienten verpflichtet, selbst wenn den das im Augenblick wenig interessiert. Bei der Aufklärung von Verbrechen um jeden Preis mitzuhelfen gehört nicht zu meinen Aufgaben. Der Zweck heiligt nicht die Mittel«, entgegne ich ihm, jetzt schon sehr kühl und bestimmt. Denn zwischenzeitlich habe ich mich entschieden: Ich lasse mich durch nichts von meiner Haltung abbringen. Wenn die gestressten Herren es irgendwie hinbekommen, sollen sie doch mit Karaman einen anderen

Arzt aufsuchen, irgendwo da draußen. Einen, der sich weniger ziert. Freie Arztwahl, anders als im Knast. Ein kurzer, bewachter Ausflug, so wie in Gaziantep. »Wie Sie das im Einzelnen bewerkstelligen, ist Ihre Sache. Nicht meine. Ich bin jetzt raus, und zwar endgültig. Und jetzt entschuldigen Sie mich bitte.« Mit diesen Worten verschwinde ich in den Untersuchungsraum gegenüber. Ab und an schaue ich kurz rüber und sehe, dass die Anzugträger immer noch da sind und diskutieren. Anderthalb Stunden später taucht Paul Sobotta, den sie wohl angerufen haben, plötzlich wieder auf dem Flur auf. Er bringt zuerst Karaman auf seine Zelle zurück und begleitet anschließend seine Gäste durch die Personalpforte hinaus. Außer uns, den unmittelbar Beteiligten, hat niemand etwas von der ganzen Geschichte mitbekommen.

Aber warum haben am Ende alle doch noch zufrieden, gelöst und einträchtig ausgesehen? Und was ist da eigentlich für ein Film gelaufen? Das sind die Fragen, die ich Sobotta stelle, der zehn Minuten später in meiner Tür steht. Der lässt sich plötzlich Zeit, viel mehr als sonst, bis er eine Antwort gibt. »Sagen wir mal so: Je weniger wir davon wissen, desto besser für uns. Und das, was wir wissen, sollten wir schnell vergessen.«

Vielleicht habe ich das von meinem Vater geerbt. Aufzubegehren, wenn jemand Druck auf mich ausüben oder mich instrumentalisieren will. Er war kein reicher, aber ein recht stolzer Mann mit einem eigenen Hof; einer, der seine Unabhängigkeit bei jeder Gelegenheit betonte. »Wir müssen vor niemandem buckeln«, hat er mir und meinen Geschwistern früh eingetrichtert. »Sucht euch auf jeden Fall einen freien

Beruf.« Dieser Geist lebt in jedem von uns weiter, sitzt uns im Blut, und eigentlich bin ich froh, dass es so ist.

Mein ausgeprägtes Talent, mich querzustellen, ist im Falle Karaman aber nicht der einzige Beweggrund für meine Entscheidung gewesen. Bei dem ganzen Palaver ist mir irgendwann klargeworden, welche Dimensionen sich hinter dieser Angelegenheit auftun. Sprich: Was es bedeuten könnte, die genauen Hintergründe von Selcuk Karamans Verbrechen zu kennen.

Ich bin unter normalen Umständen ein neugieriger Mensch. In dieser Situation aber hat mir mein Instinkt etwas anderes gesagt. Ein in einem anatolischen Gefängnis einsitzender Verbrecher, der von (halb-)offiziellen Stellen umgedreht wurde, um im In- und Ausland missliebige Personen zu liquidieren, das ist keine Gutenachtgeschichte. Jeder, der in diesen Räumen mehr erfährt, läuft Gefahr, kein ruhiges Leben mehr zu haben.

Schon einen Tag später bekomme ich bestätigt, wie richtig ich mit meiner Einschätzung gelegen habe. Sobotta hält mir ein Fax vom BKA unter die Nase. Er sagt mir, dass er dort gerade telefonisch angefragt habe, ob in Sachen Karaman möglicherweise besondere Sicherungsmaßnahmen erforderlich seien und ob es darüber hinaus Hinweise darauf gebe, dass der Gefangene eventuell bedroht werden oder vielleicht suizidgefährdet sein könnte. Das eher nicht, habe es am anderen Ende der Leitung lapidar geheißen. Kurz danach sei dieses Fax angekommen. Es handelt sich um einen Artikel über Selcuk Karaman mit einem Foto von ihm, auf dem er nur mit viel Phantasie wiederzuerkennen ist. Der kurze Artikel war auf der Titelseite der aktuellen Ausgabe einer türkischen Tageszeitung erschienen, die im In- und Ausland vertrieben wird.

Paul hat ihn sich gleich von einem türkischstämmigen Beamten der JVA übersetzen lassen. In diesem Artikel wird von einem in Deutschland inhaftierten Türken berichtet, der völlig abstruse, frei erfundene Geschichten erzähle über Mordanschläge, die angeblich seine Regierung bei ihm in Auftrag gegeben habe. Die amtliche Überprüfung durch deutsche und türkische Stellen habe zweifelsfrei ergeben, dass es sich um einen offenbar geistig verwirrten Mann handle, der mit allen Mitteln versuche, sich wichtig zu machen.

»Das haben die ja verdammt schnell geklärt«, sage ich zu Sobotta. »Wenn man überlegt, wie lange die sonst so brauchen, um etwas zu recherchieren ...«

Merkwürdigerweise verschwindet Karaman bald danach von der Bildfläche. Wie ich von Sobotta höre, wurde er in eine andere JVA mit Hochsicherheitstrakt verlegt. Ein Jahr später erfahre ich ganz nebenbei, dass man ihn zur weiteren Strafverbüßung in sein Heimatland abgeschoben hat. Da soll er den großen Rest seiner Haftstrafe absitzen. Damit verliert sich seine Spur.

Ein Mann, dem ich nicht helfen wollte, weil es nicht nötig war, und ein anderer, dem ich nicht helfen konnte, obwohl ich alles versucht habe: Hier wie dort ist um mich herum ein ganz großes Rad gedreht worden. Das braucht kein Arzt, der einfach nur seinen Job machen will.

Was Karaman betrifft, kann ich nur vermuten, dass es doch noch zu einem Geschäft zwischen den Parteien gekommen ist – einem blutigen Deal im wahrsten Sinne des Wortes. Worin der genau bestand, möchte ich bis heute nicht wissen. Manchmal wird eine Musik gespielt, da hält man sich besser die Ohren zu.

Die beste Prognose

Ich musste nie in die Anmeldeliste schauen, um zu wissen, dass sich Siegbert (Siggi) Rosen für die Sprechstunde der medizinischen Abteilung angemeldet hatte. Das konnte ich gleich an mehreren untrüglichen Anzeichen erkennen. Sämtliche Mitarbeiter und Krankenpfleger legten dann jene subtile Nervosität an den Tag, die man Pferden vor einem Gewitter nachsagt. Sie waren aufgeregter, reizbarer und fahriger, vergaßen dies oder das und sahen sich darüber hinaus auch jedes Mal genötigt, mir schon lange im Voraus seinen Besuch anzukündigen. Das hebt man nicht hervor, wenn man von einem völlig normalen Tagesablauf ausgeht, bei dem etwa insgesamt fünfzig Patienten verarztet werden. Aber was die Befürchtungen anging, die wir, Ärzte und Pfleger, vor seinem bevorstehenden Auftritt hatten, die wurden von Siggi Rosen auch nie enttäuscht.

Oft hörte ich ihn schon, bevor ich ihn sah. »Ich möchte mit dem Doktor sprechen und von keinem medizinischen Klippschüler oder Halbgelernten besprochen werden«, ranzte er den Pfleger im Vorzimmer an. »Hättest du mal was Gescheites gelernt, dann dürftest du jetzt mitreden.« Wenn der dann unwirsch auf die Provokation reagierte, legte Rosen noch mal nach: »Ey Mann, komm mal runter und mach hier keine Hektik! Ich kann ja auch nichts dafür, wenn deine Alte dich letzte Nacht nicht rangelassen hat.« Oder gab Folgendes zum Besten: »Wenn dir der Job hier zu viel ist, lass dich doch auf den Turm versetzen.« Oder: »Für deinen hohen Blutdruck ist Aufregung Gift, gegen Depressionen gibt's Medikamente.«

So ging das in einem fort weiter, wenn keiner ihm Einhalt gebot. Der untersetzte Mann Anfang vierzig genoss es sehr, alle um sich herum in helle Aufregung zu versetzen und auf die Palme zu bringen.

Viele Jahre hatte er schon in Strafhaft verbracht. Er saß im vergleichsweise jugendlichen Alter bereits in der Sicherungsverwahrung. Ende offen, das heißt, einen festen Entlassungstermin gab es nicht. Die Kostproben seiner dissozialen Persönlichkeit verteilte er großzügig und genoss es umso mehr, wenn andere ihn zum Kotzen fanden.

»Merkt ihr nicht, dass ihr ihm damit den allergrößten Gefallen tut?« Mit diesen Worten versuchte ich meine Mitarbeiter mehr als einmal zu beschwichtigen. »Bleibt einfach ruhig, seid nett zu ihm, das ist das Letzte, was er will. Denkt immer an den alten Spruch: ›Was kümmert's eine Eiche, wenn ein Schwein sich an ihr schabt?‹«

Das half manchmal für eine Weile, meistens aber nicht allzu lang. Rosen war einfach zu gut in der Kunst, Gift und Galle zu verspritzen. Ganz selten überschritt er dabei die Grenzen, die zu heftigeren disziplinarischen Sanktionen geführt hätten. Nur ein paar Mal mussten wir ihn unter Androhung von Gewaltanwendung aus der Sprechstunde verweisen. Er war einfach zu clever. Doch niemand konnte es den Vollzugsbeamten verdenken, dass sie nur auf eine Gelegenheit warteten, ihn mal ordentlich zusammenzufalten und in den

Bunker zu stecken. Einige Tage in Abgeschiedenheit hätten ihm sicherlich nicht geschadet – es kam nur nie dazu.

Er wurde nie gewalttätig, dazu war er zu schmächtig und, wie schon gesagt, viel zu schlau. Aber es war wirklich nicht leicht, ihn zu ertragen, gerade wenn man selbst mal nicht den besten Tag erwischt hatte. Auch ich bekam es immer wieder am eigenen Leib zu spüren. Mehr noch: Es gab keinen Bediensteten in der JVA Werl, der ihn für einen halbwegs verträglichen Gefangenen hielt. Den Ruf als Kotzbrocken hatte er sich durch seine respektlose, herabwürdigende Art über die Jahre hart erarbeitet. Zu seinen Mitgefangenen aber war er weniger respektlos und herabwürdigend, da hielt er sich mehr zurück, insbesondere bei denen, die größer und kräftiger waren als er, und das waren fast die meisten.

Zu seinem Charakter passte auch, dass er das Ranking der Beschwerdefürsten anführte. Mitunter drückte er dem Bediensteten, der die Post einsammelt, gleich morgens zwischen zehn und zwanzig Eingaben an die Anstaltsleitung oder direkt für die Strafvollstreckungskammer in Arnsberg in die Hand: »Meinst du, du kannst das abgeben, ohne dich zu verlaufen oder dir unterwegs deine Hühnerbeinchen zu brechen?«

Er führte Beschwerdeverfahren über alles und jedes: das Mittagessen sei zu kalt gewesen, die Temperaturen auf seiner Zelle seien zu hoch, ein Abteilungsbeamter habe ihn zu früh eingeschlossen oder ein anderer zu spät zum Sport gelassen, jemand auf dem Flur habe ihn Verbrecher genannt und so weiter. Der einzige Antrag bei der Anstaltsleitung, den ich tatsächlich witzig fand, lautete: »Ich fordere einen Hammer zum Totschlagen der Zeit.« Mir ist völlig klar, wie unterhaltsam sich das bis hierhin anhören mag, der Spaß sei dem Leser gegönnt.

Jede Beschwerde eines Gefangenen geht ihren amtlichen Weg und wird zunächst mal ernst genommen, so wie sich das für einen modernen humanen Strafvollzug gehört. Auch ich muss zu den unsinnigsten Behauptungen schriftlich Stellung nehmen. Allein in der Zeit, in der Rosen bei uns logierte, musste ich deutlich mehr Stunden hinter dem Schreibtisch verbringen als jemals zuvor und danach; ich verfasste abends Richtig- oder Gegendarstellungen, die dann von einem bedauernswerten Juristen gelesen, bewertet, weitergeleitet und in Kopie in den Akten abgeheftet werden mussten, auf Wiedervorlage.

»Medikamente wurden dem Patienten nicht vorenthalten, es waren nach eingehenden Untersuchungen keine objektivierbaren Hinweise für eine Erkrankung des Patienten zu diagnostizieren, die einer Behandlung bedurft hätten. Die Versuche, den Patienten über die Harmlosigkeit seiner Beschwerden aufzuklären, wurden von Letzterem mit Beleidigungen und Gelächter quittiert.«

»Für stärker wirksame, schmerzlindernde Medikamente fehlte jedwede denkbare medizinische Indikation. Die vorgetragenen Rückenbeschwerden werden ausreichend anstaltsärztlich und fachorthopädisch behandelt.«

Ob Abteilungsbeamter oder Sozialarbeiter, Pädagoge oder Seelsorger – jeden konnte Rosens Beschwerdewut treffen. Für alle Beteiligten war es schließlich so ermüdend, dass im internen Kreis immer wieder mal gefragt wurde, wie lange Siggi Rosen der Anstalt eigentlich noch erhalten bleibe.

Die Hoffnung auf eine baldige Entlassung wurde durch seine persönliche »vollzugliche Entwicklung« allerdings nicht genährt. Rosen machte wenig Hehl daraus, dass er die Leitidee von der Resozialisierung eines Gefangenen für eine

»bescheuerte Erfindung« hielt, das sei »Sozialscheiß«, an den Berufslinke, kleine Kinder oder Idioten glaubten. Sämtliche therapeutischen Gesprächsangebote zur Aufarbeitung seiner Taten – angefangen von Eigentumsdelikten, Betrug, Zuhälterei, schwerem Raub bis hin zu Körperverletzung und sexueller Nötigung – lehnte er rundweg ab. Sozialarbeiter und Psychologen bezeichnete er als »Dachdecker«. Es gab nichts, was dafürsprach, ihn in absehbarer Zeit wieder auf die Gesellschaft loszulassen.

»Ein dissozialer Typ in Reinkultur«, urteilten die Sozialpsychologen und Gutachter in Werl. »Ein ausgemachter Psychopath mit narzisstischen Zügen.« Dabei verwiesen sie auf das Ergebnis der bekannten Psychopathy Checklist (PCL) des kanadischen Kriminalpsychologen Professor Robert D. Hare zur Identifizierung eines psychopathischen Tätertyps. Ein standardisierter Test, den man unlängst auch bemüht hat, um die vermutete schwere Persönlichkeitsstörung beim amtierenden US-Präsidenten Donald Trump einzuordnen. Demnach erfüllte Rosen so gut wie alle zwanzig Merkmale auf der Checkliste: »trickreicher, sprachgewandter Blender mit oberflächlichem Charme«, »Gleichgültigkeit und Fehlen von Reue«, »leichtfertiges Verletzen oder Ignorieren von sozialen Konventionen und Moralvorstellungen«, »polytrope Delinquenz«. Die Gutachter vergaßen auch nicht zu betonen, wie selten so etwas vorkommt. Ein Verbrecher, wie er im Buche steht.

Wird ein Mensch so geboren? Gibt es das überhaupt? Mir half damals ein Blick in Siggi Rosens Biographie, soweit ich sie mir aus den Personalakten, den Urteilen und Gutachten zusammenstellen konnte. Klein-Siggi zappelte noch unschuldig in der Fruchtblase seiner Mutter, als die sich 1953, lange vor dem Bau der Berliner Mauer, in den Westen absetzt. Der leibliche Vater bleibt im Osten zurück und erfährt durch einen Brief erst fünfzehn Jahre später von seiner Vaterschaft. Der Mann, der ihn in Ostwestfalen ersetzt, lehnt das Mitbringsel bald rundweg ab, schlägt und beschimpft es bei jeder Gelegenheit. Ein Löwe, der das fremde Junge zwar nicht totbeißt, aber über entscheidende Jahre hinweg brutal traktiert oder mit Missachtung bestraft.

Es sind bedrückende Verhältnisse auf unterster sozialer Stufe, aus denen Siggi sich in der Pubertät auf die geläufigste Art befreit: Er wird der »Drecksack« und »Verbrecher«, als den man ihn ohnehin schon lange zu Hause beschimpft hat, und wandert durch Jugend- und Erziehungsheime. Konstante emotionale Bindungen gibt es nicht. Nach den ersten Jugendstrafen folgen Freiheitsstrafen mit und ohne Bewährung. Das Spektrum an Delikten ist breit gefächert. Damals hat er sich offenbar angewöhnt, heftig um sich zu giften, was immerhin ein gewisses Sprachtalent beweist. So dreht er sich die Welt, wie er sie gerade braucht, und zeigt weder Einsicht noch Reue. Das gilt auch für das Verhältnis zu der jungen Kellnerin aus Lemgo, die er Mitte der Achtziger erst sexuell genötigt und später versucht hat zur Prostitution zu zwingen. Für ihn ist die Haftstrafe, die er dafür aufgebrummt bekam, ein schlechter Witz: »Das geile Stück hat immer schön gequiekt, wenn ich es ihr besorgt habe, und dann rennt sie zu den Bullen und zeigt mich an. Wie bescheuert ist die eigentlich. Seh ich etwa so aus, als hätte ich das nötig?«

Wenn es in Werl also eine Liste mit Gefangenen gegeben hätte, die man auf gar keinen Fall entlassen darf – Rosen hätte sie nach einhelliger Expertenmeinung angeführt. Dennoch brachten unvorhergesehene Ereignisse die maßgeblichen Stellen dazu, Anfang der Neunzigerjahre darüber nachzudenken, wie man ihn aus dem Strafvollzug hinausbekommen könnte. Und zwar am besten so schnell wie möglich.

Eines Vormittags im Frühjahr 1993 sprach Rosen wieder mal in unserer Abteilung vor. Die Krankenpfleger hatten schon die Fäuste in der Tasche geballt, doch heute verzichtete der kurzbeinige Mann mit dem tätowierten Spinnennetz am Hals ausnahmsweise auf Gehässigkeiten. Diesmal wollte er auch keine Medikamente haben und nicht arbeitsunfähig geschrieben werden. Stattdessen fragte er nach einer ärztlichen Bescheinigung für seine Transportfähigkeit. Er müsse für zwei Tage nach Berlin ausgeführt werden. Es gebe da wichtige Dinge für seine Zukunft zu regeln.

Bei Ausführungen zu besonderen Anlässen werden Gefangene beziehungsweise Sicherungsverwahrte von mindestens einem Justizbeamten und einem Sozialarbeiter rund um die Uhr begleitet. Außerdem tragen sie die sogenannte Hamburger Fessel, eine Kombination aus Hand- und Fußfesseln, die unter der Kleidung mit einer Kette verbunden sind und schnelles Laufen unmöglich machen. Damit kann sich der Gefesselte ohne größeres Aufsehen im öffentlichen Raum bewegen. In der Regel wird er in einem Sammeltransport mit einem großen Bus über viele Stationen an sein Ziel gefahren, was in seinem Fall mindestens eine Woche gedauert hätte. Aber Rosen wollte unbedingt einen Einzeltransport, weil der nur einen halben Tag dauert. Dafür sollte ich ihm Klaustrophobie oder, noch besser, »so was wie 'ne richtige Paranoia« attestieren. »Halt ich ja sonst nicht aus bis Berlin, Doc, all die ungewaschenen Typen um einen rum, und das dämliche Gequatsche macht mich wahnsinnig.«

Da war er also wieder, der echte Rosen.

Es wurde dann tatsächlich ein Einzeltransport, soweit ich mich recht erinnere, wenn auch aus einem anderen Grund, und allmählich begann ich zu glauben, was auf den Fluren seit Wochen als Gerücht kursierte: Ein Rechtsanwalt und Notar sei hier mit seinem 7er BMW aufgetaucht, Potsdamer Kennzeichen, um Siegbert Rosen zu sprechen. Der Mann habe eine Vollmacht gehabt, ihn als einzigen Nachkommen seines leiblichen Vaters ausfindig zu machen. Letzterer war einige Monate zuvor in Berlin verstorben und hatte ihn zum Alleinerben seines Vermögens bestimmt – auch wenn oder gerade weil zwischen ihnen nie ein Kontakt bestand.

Begeistert war der Begünstigte jedoch auf Anhieb nicht. Er habe keine Zeit für Rechtsverdreher, ließ Rosen dem Besucher ausrichten; in Anbetracht der erheblichen Forderungen, die aus seinen Einbrüchen und anderen Taten resultierten, käme er mit ein paar Kröten extra auch nicht viel weiter. Wozu also der ganze Quatsch? Der Anwalt und Notar musste viel Geduld aufbringen, so hieß es, um schließlich doch noch zum Insassen vordringen zu können. Erst dann konnte er ihm in einem Besucherraum, vor den Ohren mehrerer Verwaltungsbeamter, endlich darlegen, dass es sich bei dem hinterlassenen Vermögen nicht um eine Kleinigkeit handele. Ganz im Gegenteil.

Der Verstorbene hatte bald nach der Wende Häuser und Grundstücke zurückerhalten, die man seiner Familie in der sozialistischen Arbeiter- und Bauernrepublik weggenommen hatte. Etliche Hektar an Grundbesitz und Mietshäuser in den besten Lagen, die er an Großunternehmen und solvente

Investoren aus dem Westen verkaufen beziehungsweise verpachten konnte. Andere Immobilien hatte er hinzugekauft. Ein unverhoffter, aber völlig legitimer Gewinner der Wiedervereinigung. So stellte es jedenfalls der Anwalt und Notar in der gebotenen Kürze dar. Er erklärte den Anwesenden auch, dass Rosen für die notariellen und behördlichen Abwicklungen der Erbschaft unbedingt nach Berlin kommen müsse. Dazu wurde alsbald ein Termin vereinbart.

Eben noch ein mittelloser Knacki, in Kürze stolzer Eigentümer eines üppigen Portfolios an Haus- und Grundbesitz. Der völlig unverhoffte Aufstieg machte in der Anstalt schon die Runde, bevor Rosen überhaupt losgefahren war. Skeptiker warfen zwar ein, dass der Glückspilz von seinem Erbe wenig habe, solange er weiter in Sicherungsverwahrung sei. Hier könne er keine maßgeschneiderten Brioni-Anzüge kaufen, keine Sterne-Restaurants aufsuchen oder Lamborghini fahren. Er selbst aber ließ in seiner lauten Art wenig Zweifel daran, dass das alles jetzt nur noch eine Frage der Zeit sei, und verteilte an ausgesuchte Insassen schon spezielle Einladungen: »Hey Alter, wir sehen uns bald draußen. Da ist 'n Puff in Hamm, den kauf ich uns, dann kannste ficken, bis dir der Schwanz glüht.«

Die große Transaktion war in Berlin wohl einwandfrei über die Bühne gegangen. Das steckte mir der Sozialpädagoge, der ihn begleitet hatte, bald nach der Rückkehr. »Du glaubst es nicht«, raunte er. »Wir sind mit dem auf'm Katasteramt gewesen, wegen der Grundbucheintragungen, da wurde das immer noch mehr. Grundstücke, Häuser, was du willst. Alles in allem geht das locker in die Millionen, schätze ich mal.«

Rosen selbst ließ sich in der Anstalt nun mit einer schwarzen Kippa auf dem Kopf sehen. Er wollte in Berlin von den jüdischen Wurzeln seines Erzeugers erfahren haben, die ihm bisher fremd waren. Das lieferte ihm kurzfristig neue Munition in seinem Kleinkrieg mit allen Bediensteten. »Unsere Familie wurde häufiger gefickt«, behauptete er bei jeder Gelegenheit. »Erst von den Preußen, dann von den Nazis und später von den Sozis. Und ihr fickt mich hier, weil ihr Nachfahren der Preußen seid.«

Dann gab er bekannt, sich ab sofort nur noch koscher ernähren zu wollen, und verlangte, dass man sich in der Gefängnisküche darauf einstelle. Was Udo Hennen, den Küchenchef, zunächst in größere Verlegenheit stürzte. Bisher wurde in Werl neben der normalen und der vegetarischen Küche nur »Moha«, also bekenntnisgerechte Kost für muslimische Insassen angeboten. Sollte er jetzt für einen einzigen Insassen etwa getrenntes Geschirr für Milch- und Fleischprodukte vorhalten und warten, bis der Maschgiach die Kochplatten anwirft?

»Wart's erst mal ab«, beruhigte ich ihn. »Ich glaube, das erledigt sich bald von selbst.«

Tatsächlich legte Rosen den neuen Vorsatz so schnell ab wie die Kippa, und ein geläuterter Umgang mit der von Gott geschaffenen Kreatur war auch nicht festzustellen. Ganz im Gegenteil: Rosen strotzte jetzt vor Selbstbewusstsein und Herablassung. Ausgesuchten Mitgefangenen präsentierte er auf seiner Zelle Polaroids und Katasterauszüge seiner Besitztümer. Am liebsten aber zog er über den bedauernswerten Vermögensstand der Bediensteten her, ob sie nun in Anzug daherkamen oder in Uniform: »Ey Mann, warum spielste dich so auf? Bist doch auch nur 'ne kleine Wurst hier. Was zahlen die dir für die Scheiße überhaupt, und was kriegste dann an Rente? Da lach ich doch drüber. Dafür reißt du dir hier den Arsch auf?«

Oder: »Mein Gott, Schmieder, hast ja immer noch die gleiche speckige Cordhose an. Muss dir wohl mal 'n bisschen Kohle überweisen, damit du dir was Neues besorgen kannst.«

Am schwersten wog jedoch, dass seine Beschwerden nicht mehr von ihm selbst verfasst wurden. Dafür waren ab sofort drei renommierte Anwälte zuständig, die von Rosen fürstlich entlohnt wurden. Sie parkten ihre Limousinen mehrmals pro Woche vor der Anstalt und faxten im gleichen Rhythmus offizielle Eingaben und Anfragen an die Anstaltsleitung, die Strafvollstreckungsbehörde oder die Staatsanwaltschaft. Aus dem steten Wind, den ihr Mandant entfachte, war ein echter Sturm geworden; er trieb die Adressaten pausenlos und ohne Gnade vor sich her: »Für Ihre diesbezügliche Antwort habe ich mir gemäß Paragraph soundso StVollzG eine Frist von vierzehn Tagen nach Zustellung dieses Schreibens notiert.«

Das Bombardement aus geschliffenen Schriftsätzen hatte natürlich das Ziel, den Mandanten so schnell wie möglich aus dem Knast zu bekommen. Mit der Erbschaft in sieben-, wenn nicht achtstelliger Höhe gab es nach Auffassung der Rechtsvertreter keinen Grund mehr, Rosen in der Sicherheitsverwahrung zu lassen. Für wen denn jetzt noch Sicherheit, fragte einer von ihnen ganz direkt bei einem Termin mit der Anstaltsleitung: »Der muss keine Bank mehr überfallen, wenn er was haben will. Im Zweifel gehört ihm die halbe Bank. Also, meine Herren, wo bitte ist Ihr Problem?«

Die Mehrheit der Zuhörer wäre der Argumentation wohl nur allzu gern gefolgt. Die hohen Wellen, die der Fall schlug, wirbelten die gewohnten Abläufe in der JVA ganz schön durcheinander. Hinzu kam, dass Rosen begann, andere Insassen aufzuwiegeln. Seine Anwälte könnten auch für sie auf den Putz hauen, er zahle das gern. Hier war jemand fest entschlossen, weiter die lästige Fliege am Arsch zu sein; die Fliege, die man lieber heute als morgen endlich los wäre.

Andererseits gab es da immer noch das Strafvollzugsgesetz, das eine Verkürzung von Freiheitsstrafe und Sicherungsverwahrung von einer aussichtsreichen Resozialisierung abhängig macht. Die Gesamtprognose, die sich im Wesentlichen aus der Legal- und der Sozialprognose zusammensetzt. Hier lag der Haken. Rosen hatte durch sein Erbe plötzlich eine Sozialprognose, die sogar die des JVA-Direktors bei weitem übertraf. Die Wahrscheinlichkeit, dass er noch mal straffällig werden würde, strebte in der Hinsicht gegen null. Doch kein Psychologe oder Gutachter hatte bei ihm auch nur das kleinste Anzeichen für Einsicht, Reue oder eine positive Entwicklung der Persönlichkeit erkennen können. »Der hat keinerlei intrinsische Motivation«, urteilten sie. »Nur einen Haufen Geld. Außerdem sind die Resultate der psychologischen Tests eindeutig.«

An dieser Stelle winkte der Direktor allerdings ab: »Die Tests habe ich auch mal gemacht, nur zum Spaß. Wenn's danach ginge, müsste ich die Schlüssel abgeben.«

Der Neureiche wollte die Einschätzungen der Sachverständigen nicht hinnehmen, fand den »Dachdeckern« gegenüber aber nie die richtige Ansprache, wie man so sagt. »Ihr habt mich hier kaputtgeschrieben«, schnauzte er einen Psychologen an. »Jetzt schreibt mich gefälligst wieder raus. Schreibt halt was Schönes! Soll auch nicht euer Schaden sein.«

Seine Anwälte gingen entschieden subtiler vor, um den Kessel unter Druck zu halten, und hatten auf diese Art bald mehr Erfolg. Irgendwann fragte die Anstaltsleitung die Psychologen und Sozialarbeiter, ob sie die Causa Rosen nicht mal »in einem ganz anderen Licht« betrachten könnten, also »nicht immer so grundlegend negativ«. Als sie damit zunächst scheiterte, stand eines Tages der stellvertretende Direktor vor meinem Schreibtisch und fragte halb im Scherz, aber eben doch nicht ganz, ob sich bei der Nervensäge nicht vielleicht eine chronische Krankheit feststellen ließe. So etwas wie eine Herzinsuffizienz oder sonst was Pathologisches.

Aber ein Vierzigjähriger hat in aller Regel weder ein schwaches Herz noch chronisch schwer geschädigte andere Organe, sorry. Außerdem attestiere ich prinzipiell keine Gefälligkeitsdiagnosen. Somit war auch diese Variante keine realistische Option. Umso mehr waren wir alle im medizinischen Dienst gespannt, was als Nächstes in der heiklen Sache unternommen werden würde. Und welche Fraktion sich durchsetzen würde: jene, die am Ideal der Resozialisierung festhalten wollte, oder jene, die das hinter vorgehaltener Hand schon immer als »albernen Sozialscheiß« abgetan hatte. Eine Formulierung, die ich irgendwo schon mal gehört hatte.

Tatsächlich bot man Rosen an, zunächst mal in den offenen Vollzug zu wechseln. Da könne er über die nächsten Jahre seine Zuverlässigkeit unter Beweis stellen. Der aber lehnte ab: »Ich will hier nix mehr unter Beweis stellen, ich will raus, verstehste. Und zwar nicht in drei Jahren, sondern gleich!«

Flankierend legten seine Anwälte Gutachten von eigens beauftragten Sozialpsychologen vor, die Rosens Persönlichkeit weitaus gnädiger beurteilten. Diese teuer eingekauften Expertisen wurden von unseren Fachleuten natürlich umgehend in Zweifel gezogen. Wie konnte es auch anders sein.

Dann stand da plötzlich ein roter Ferrari Testarossa auf

dem Parkplatz vor der Hauptpforte. Ein fast zweihundertvierzigtausend Mark teurer Bolide, der endlich so was wie einen Lösungsprozess ins Rollen brachte.

Aber Siegbert Rosen hatte keinen Führerschein mehr, seit ihm der wegen rücksichtslosen Fahrens mit Fluchtfahrzeugen abgenommen worden war. Nun war er entschlossen, sich ihn zurückzuholen. Seine Anwälte unterstützten das. Damit zeige er ja seinen Willen, sich sozial wieder einzugliedern. Es steht nirgendwo geschrieben, dass man die nötigen Fahrstunden auf einem VW Polo absolvieren muss. Also besorgten sie in seinem Auftrag den Testarossa mit einer Sonderausstattung: Auf der Beifahrerseite war eine zweite Pedalerie für den Fahrlehrer angebracht.

So fuhr der Schüler nun allein mit seinem Lehrer zweimal in der Woche in die Freiheit hinaus und kam tatsächlich jedes Mal nach einer Stunde wieder zurück – ganz entgegen mancher Bedenken, er könne diese Gelegenheit zur Flucht nutzen. Für einen zusätzlichen Justizbeamten war im Fond kein Platz. Konnte ein Mensch denn verantwortungsbewusster handeln? Bewies er damit nicht, wie berechenbar er inzwischen geworden war? Die Anwälte machten jedenfalls reichlich Wind um die Sache. Bald kam auch ein Coach in die JVA, der ihn auf die Prüfung vorbereitete. Siehe da: Rosen bestand sie prompt und bekam eine neue Lizenz zum Rasen. Das war so etwas wie der Durchbruch. Von nun an ging es nicht mehr um die Frage, ob Rosen überhaupt vorzeitig entlassen werden würde, sondern nur noch darum, wann der günstigste Zeitpunkt dafür sei.

Eines Morgens im Oktober 1993 war es dann so weit. Ich selbst konnte die Szene wegen eines Notfalls leider nicht mitbekommen. Einer meiner Krankenpfleger aber, der Zeuge war, versicherte mir, dass sie absolut filmreif gewesen sei. Eskortiert von zwei seiner Anwälte, die ihm zuvor einen üppigen Präsentkorb überreicht hatten, schritt Siegbert Rosen zu seinem Testarossa, öffnete die Türen und winkte höhnisch den Beamten zu, bevor er sich anschnallte: Fickt euch alle. Dann donnerte er frisch geläutert ins freie Leben hinaus.

Eine weise Entscheidung oder eher ein Treppenwitz? Die Causa Rosen hätte genug Stoff geboten für eine Grundsatzdebatte darüber, worum es uns im Strafvollzug eigentlich geht. Außer der Tatsache, dass er nun Geld im Überfluss besaß, hatte sich Siggi Rosen in der Haft genau genommen ja keinen Millimeter in die gewünschte Richtung bewegt. Aus einem mittellosen Asozialen wurde einfach nur ein millionenschwerer Dissozialer. Mehr Metamorphose war nicht drin. Diese Debatte aber mochten die beteiligten Verantwortlichen jetzt bestimmt nicht mehr führen. Sie waren nach dem nervenaufreibenden Theater einfach nur froh, eine Lösung gefunden zu haben.

Die lästige Fliege am Arsch hatte sich endlich verzogen.

»Wer weiß, was der mit seinem Berg Kohle da draußen anfängt«, sagte der Sozialarbeiter zu mir, der ihn seinerzeit mit nach Berlin begleitet hatte. »Dem ist zuzutrauen, dass er alles auf den Kopf haut. Aber das machen andere Psychopathen mitunter auch. Die gibt es ja nicht nur unter Verbrechern, sondern auch unter denen, die Hedgefonds auflegen und mit Optionsscheinen an der Börse zocken. Die werden auch nie wirklich sozialisiert. Im äußersten Fall sehen wir unseren Freund hier eben irgendwann mal wieder.«

Dazu kam es jedoch nicht. Ein halbes Jahr nach seiner Entlassung hatte Siggi Rosen einen anderen Gefangenen in der JVA angerufen und erzählt, dass alles bestens sei. Er habe sich aus der Portokasse ein Haus am Kleinen Wannsee gekauft, direkt neben der Villa von Wolfgang Joop, eine richtig geile Hütte, und außerdem noch einen Maserati für alle Fälle. Er könne gar nicht so schnell das Dach schließen, wie ihm da die »Hühner« reinspringen. Viel Zeit dafür bleibe allerdings nicht: Er müsse sich nun ständig um Häuser und Wohnungen zwischen Potsdam und Berlin kümmern, in denen manchmal der letzte Pöbel hause. Richtiges Assi-Pack, Typen von der allermiesesten Sorte.

Danach hörte in Werl keiner mehr etwas von ihm. Er hatte ja auch jede Menge nachzuholen.

Mörderkind

»Wissen Sie, was das Verrückte daran ist? Ich habe in den letzten Jahren nur noch selten an diese Geschichte gedacht. Das war für mich schon eine ganz schöne Leistung. Aber jetzt sind die alten Bilder und Erinnerungen wieder da, und zwar so deutlich, als wäre das alles erst letzte Woche passiert. Dabei ist das mittlerweile über zwanzig Jahre her. Zwanzig Jahre, mein Gott! Ich war damals ein junges Ding und völlig unbeschwert.«

Die Frau am Telefon stellt sich mir als Angelika Rupp vor. Ihre helle Stimme klingt aufgeregt, die Sätze sprudeln nur so aus ihr heraus. Ein Opferbetreuer, so sagt sie weiter, habe sie angerufen, weil ihr Name auf der Liste der Personen stehe, die über die bevorstehende Entlassung eines Gefangenen informiert werden sollen. Der habe ihr gesagt, dass solche Informationen routinemäßig an Opfer weitergegeben werden. Den Akten habe er jedoch entnommen, dass sie damals nur Zeugin war. »Warum Sie dennoch in der Liste aufgeführt sind«, habe er zu ihr gesagt, »kann ich so schnell nicht nachvollziehen.« Im Regelfall bestehe aber kein Grund, deswegen zu beunruhigt zu sein.«

Seitdem sei ihr »ganz schön mulmig« zumute, erklärt sie mir: »So einen Anruf kriegt man doch nicht ohne Grund.

Also ist jetzt genau das Gegenteil passiert: Ich mache mir auf einmal Sorgen.«

Und was habe ich damit zu tun? Eigentlich herzlich wenig, zumal ich die aufgeregte Anruferin überhaupt nicht kenne. Man hat sie zu mir durchgestellt, weil sie unbedingt mal mit jemandem sprechen müsse, der sich in den Köpfen von Verbrechern besser auskennt als sie. Da sei ich ihr eingefallen: »Sie wissen doch, wie solche Leute ticken«, sagt Angelika Rupp.

Aber auch das allein genügt nicht, ihr ausgerechnet während der Sprechstunde länger zuzuhören. Dazu erreichen mich solche Anrufe von draußen, meistens von Ehefrauen oder anderen Angehörigen der Gefangenen, viel zu häufig.

»Über Jahre habe ich mich immer wieder gefragt«, sagt sie weiter, »warum hat der dich damals am Leben gelassen?« Das ist der Satz, der mich aufhorchen lässt, noch dazu, weil ich den Mann kenne, auf den sich ihre Frage bezieht.

Zwanzig Jahre seiner lebenslänglichen Freiheitsstrafe hat Stefan Brosic in Werl abgesessen. Wegen guter Führung und erfolgreicher Teilnahme an allen Therapiemaßnahmen wurde er vor zwei Jahren in eine Anstalt des offenen Vollzugs verlegt. In wenigen Wochen soll er nun in die Freiheit entlassen werden.

Angelika Rupp kennt Stefan Brosic. Ihr Hinweis hat damals zu seiner Verhaftung geführt, und ihre Aussagen haben auch seinen Mittäter Marco Kienast hinter Gitter gebracht. Die Rolle, die sie bei der Überführung der beiden Gewalttäter gespielt hat, könnte Grund genug sein, sich an ihr rächen zu wollen. Vielleicht eine unberechtigte Sorge, wie sie selber einräumt, vielleicht aber auch nicht. Dazwischen sausen ihre Gedanken immer wieder hin und her.

»Ich wohne ja immer noch in Bonn«, sagt sie, »und ich

steh auch noch im Telefonbuch. Wer mich finden will, hat's nicht schwer. Außerdem krieg ich öfter mal zu hören, dass ich mich vom Aussehen her kaum verändert habe. In meinem Alter ist das ja eigentlich ein Kompliment, aber unter diesen Umständen erscheint es mir fast schon fatal.«

Das hört sich tatsächlich nicht ganz einfach an. Ein lapidares »Wird schon schiefgehen« oder etwas in der Art reicht hier ganz sicher nicht. Wenn ich der Frau mit der aufgeregten Stimme halbwegs gerecht werden will, muss ich erst mal mehr erfahren, und das kostet Zeit. Also entschuldige ich mich kurz, lege den Hörer zur Seite und bitte meine Assistenten, keine Anrufe mehr durchzustellen. Um alle weiteren Patienten wird sich in den nächsten Stunden mein Kollege kümmern.

Dickes, rotblondes Haar bis zum Gürtel der Jeans und große, neugierige Augen: Angelika ist fünfundzwanzig Jahre alt und sieht aus wie eine Studentin der frühen Neunzigerjahre. Dabei ist sie an der Bonner Uni nur noch eingeschrieben, weil sie mit dem Studentenausweis billiger ins Kino kommt. Eigentlich sucht sie nach neuen Perspektiven, ansonsten lebt sie in den Tag hinein. Hauptsache, es ist alles »ganz spontan«.

In der Zeit lernt sie Steve kennen, einen ebenso sportlichen wie attraktiven Typen, der sie eines Abends im Easy anspricht. Steve ist Zahntechniker, wie er betont. Er habe vor, in Kürze sein eigenes Labor aufzubauen, um »endlich richtig Geld zu machen«. Einer, der weiß, was er will, denkt sie. Noch in derselben Nacht kommt er mit zu ihr. Alles fühlt sich für Angelika richtig an. Doch weit nach Mitternacht befällt ihn plötzlich der Blues. Er sitzt aufrecht im Bett, kann nicht einschlafen, trinkt und raucht eine Zigarette nach der anderen.

»Was ist los?«, fragt sie irgendwann. »Hab ich was falsch gemacht?«

»Du hast gar nichts falsch gemacht«, antwortet er. »Aber ich. Ich weiß nur nicht, wo ich anfangen soll und ob ich das überhaupt jemandem zumuten kann.«

Dann erzählt er ihr seine Geschichte. In den letzten anderthalb Jahren habe er zusammen mit seinem Freund Marco richtig Scheiße gebaut. Das habe gleich drei Menschen das Leben gekostet: Seine ältere Stiefschwester Marie und eine Freundin seien tot, und vor nicht mal zwei Wochen sei sein Ziehvater gestorben. »Der hat mir im Sterben noch in die Augen geschaut, und diesen Blick trage ich immer noch mit mir herum. Seither liege ich jede Nacht wach.«

»Das hört sich ja furchtbar an«, sagt Angelika und will wissen, was genau passiert ist.

»Na ja, wir haben sie umgebracht. Alle drei. Und wir waren jedes Mal so gut darin, dass uns bisher keiner im Verdacht hat. Obwohl wir oft genug von der Polizei dazu befragt wurden.«

Jetzt ist auch Angelika hellwach und zu verstört, um wieder einschlafen zu können. Beide gehen in die Küche, in der sie Kaffee aufsetzt und ihm dabei zuhört, wie er weitere Einzelheiten schildert. Es sind so heftige und so entsetzliche Details, dass sie sich fragt, ob dieser Mann vielleicht alles nur erfindet, um ihr einen Schrecken einzujagen oder sich damit interessant zu machen.

»Solche Storys erzählt doch nur jemand, der richtig einen an der Klatsche hat«, sagt Angelika Rupp am Telefon zu mir. »Oder einer, der das wirklich getan hat. Ich musste in diesen Morgenstunden entscheiden, in welche Kategorie der Mann in meiner Küche gehört. Aber wie soll das gehen, wenn man sich gerade mal knapp neun Stunden kennt?«

Steve erklärt ihr dann, dass er nun beste Aussichten auf das Familienvermögen habe. Seine Ziehmutter liege mehr oder weniger im Sterben, mit ihrem Tod werde der Besitz der Familie endgültig auf ihn übergehen. »Das ist genau das Ergebnis, das ich und Marco erreichen wollten. Jetzt aber kriege ich einige Szenen einfach nicht mehr aus dem Kopf, und ich frage mich ernsthaft, ob das alles dafür gestanden hat. Immer diese Bilder vor den Augen und weiter die Angst, eines Tages doch überführt zu werden.«

Irgendwann fängt es an, hell zu werden. Wenn das alles auch nur in Ansätzen stimmt, kommt Angelika plötzlich in den Sinn, dann ist auch mein Leben in Gefahr. Dann muss Steve mich aus dem gleichen Grund umbringen, aus dem er zusammen mit Marco seine Freundin beseitigt hat. Die hat offenbar viel weniger gewusst, das meiste allenfalls geahnt – Angelika aber weiß jetzt alles.

Sie will nur noch weg. Damit er nicht merkt, was in ihr vorgeht, versucht sie ihre Angst zu überspielen. Endlich kommt ihr die zündende Idee. »Ich gehe eben zum Bäcker«, schlägt sie ihm vor, »um frische Brötchen zu holen.« Zu ihrer völligen Überraschung hält Steve sie nicht davon ab. Sie eilt die Treppe im Flur hinunter, atmet auf der Straße tief durch und läuft los.

»Ich weiß bis heute nicht, warum der mich einfach so gehen ließ«, sagt Angelika Rupp dreiundzwanzig Jahre später. »Warum hat der mich verschont? Das hätt' ich ihn gern irgendwann mal gefragt. Meine Gedanken überschlugen sich damals, und dann hab ich zu mir selbst gesagt: Du darfst jetzt auf keinen Fall in deine Wohnung zurück. Aber einfach abhauen geht auch nicht. Der weiß ja, wo du wohnst und wer du bist.«

Mit einer Tüte Brötchen in der Hand nimmt sie Platz auf einer Bank und überlegt, was sie tun soll. Wie lange sie so dagesessen hat, weiß sie heute nicht mehr. Irgendwann ruft sie von einer Telefonzelle aus die Polizei an und meldet, dass jemand in ihrer Wohnung sei, der ihr letzte Nacht drei Morde gestanden habe. Ein Mann Ende zwanzig, den sie erst gestern kennengelernt und der sich ihr als Stefan Stagge vorgestellt habe.

Ab dann übernimmt die Bonner Polizei die Regie. »Gehen Sie unter Menschen«, rät man ihr am Telefon. Wenige Minuten später holt sie eine Polizeistreife an der Bäckerei ab, um sie auf die Wache zu bringen und die Wohnungsschlüssel von ihr zu bekommen. Den Rest erzählt man ihr später. Stefan Stagge hockte noch in ihrer Küche, als das Einsatzkommando in die Wohnung eindrang, und ließ sich widerstandslos verhaften. Nach den ersten Vernehmungen gestand er die Morde und lieferte dabei auch Marco Kienast ans Messer. Der wiederum leistete bei seiner Verhaftung am nächsten Tag deutlich mehr Widerstand. Auf der Flucht erschoss er einen Polizisten und verletzte einen anderen schwer.

Dann nimmt die aufsehenerregende Geschichte ihren Lauf. Im Prozess am Kölner Landgericht wiederholt Angelika Rupp als Zeugin wahrheitsgemäß, was Steve ihr in der Nacht erzählt hat. Es wird die letzte Begegnung der beiden. Ihre Lebenswege kreuzten sich gerade mal für weniger als zehn Stunden.

»Im Gerichtssaal saß ich, Gott sei Dank, so, dass er mich gar nicht anschauen konnte«, sagt Angelika. »Das war mir auch lieber. Ich wollte nicht den geringsten Kontakt. Obwohl mich noch lange beschäftigt hat, warum in aller Welt er sich ausgerechnet mir anvertraut hat. Oder hat er sein Schicksal bewusst in meine Hände gelegt? Sollte ich das am Ende für ihn entscheiden, oder fühlte er sich von mir verraten?«

Stefan Stagge und Marco Kienast werden für die drei aus Habgier gemeinschaftlich begangenen, heimtückischen und äußerst brutalen Morde jeweils zu einer lebenslangen Freiheitsstrafe verurteilt. Für Kienast ordnet das Gericht wegen des Mordes und des versuchten Mordes an den Polizisten zusätzlich die anschließende Sicherungsverwahrung an. Irgendjemand sagt zu Angelika Rupp nach der Urteilsverkündung, es sollte reichen, dass Stagge mindestens für die nächsten zwanzig Jahre im Knast sitzt. Das beruhigt sie fürs Erste. »Aber auch die längste Zeitspanne ist irgendwann einmal vorbei«, sagt sie zu mir. »Man kann es sich mit sechsundzwanzig Jahren nur nicht vorstellen.«

Jetzt ist es nur noch eine Frage von Tagen.

In Werl macht Stagge, der wieder seinen kroatischen Geburtsnamen Brosic angenommen hat, niemandem Angst. Er fügt sich reibungslos in den Knastalltag ein und scheint seine Strafe zu akzeptieren. Nach sechs Jahren beginnt er in der Küche der JVA eine Ausbildung zum Koch und schließt diese zwei Jahre später erfolgreich ab. Schnell wird er Vorarbeiter, weil er intelligent und fleißig ist, immer jovial und kontaktfreudig, auch mir gegenüber. Ganz der sympathische junge Mann von nebenan, der mit seinem sportlichen Äußeren auch das Zeug zum Tennislehrer oder Schlagersänger hätte. Pflegeleicht, wie die Abteilungsbeamten hier gern sagen – aus ihrer Perspektive durchaus verständlich.

Aber was hinter der glatten Oberfläche steckt, ist schwer zu ergründen. Mir kommt es manchmal so vor, als ob Brosic nur den Ball zurückspielt, wie man im Tennis sagt – neutral und ohne eigene, erkennbare Regung. Ein Meister der Anpassung, der je nach Umgebung und Situation die Farbe wechselt. Das Gefühl, dass er nur eine öffentliche Version seiner selbst abgibt, lässt mich jedenfalls mehr Distanz zu ihm halten. Denn ab und an gibt's auch Momente, in denen ein anderer Mensch zum Vorschein kommt. Zum Beispiel, wenn er über die »Schwachmaten« in der Küche herzieht, die ewig bräuchten, um etwas zu kapieren. Seine Botschaft ist immer die gleiche: Ohne mich läuft hier gar nichts.

Immer angespannt und kontrolliert und immer darauf aus, seine Überlegenheit herauszukehren, ohne erkennbare Bindung zu irgendwem. Dazu würde eigentlich die Biographie eines Heimkindes passen, das in mehreren Pflegefamilien und Erziehungsanstalten ohne echte Zuwendung herangewachsen ist. Doch nach allem, was ich von ihm weiß, war es bei ihm völlig anders – und das ist das Erschreckendste in diesem Fall.

Stefan Brosic hat seinen deutschen Vater nie kennengelernt; seine kroatische Mutter lebt schon getrennt von ihm in Köln-Braunsfeld, als er geboren wird. Die junge Büroangestellte findet wenig Zeit für ihn, sie fühlt sich schnell überfordert und parkt den Kleinen, so oft es geht, bei einer Nachbarin. Manchmal legt sie ihn auch in einem Tragekörbchen über Stunden hinweg in einem Abstellraum hinter der Wohnungstür ab – immer dann, wenn sie Männerbesuch empfängt. Das anhaltende Schreien und Jammern wird bald dem Jugendamt gemeldet, und so landet Stefan im Alter von knapp zwei Jahren mit dem Einverständnis seiner Mutter in einer Pflegefamilie in Bensberg, einem Stadtteil von Bergisch-Gladbach.

Werner und Karin Stagge haben die Zeit und auch den

Wohlstand, dem Ziehkind alle Aufmerksamkeit und Unterstützung zu geben. Mutter Karin umhegt den Kleinen in der Villa am Ortsrand wie ihr eigenes Kind. Im ersten Jahr muss sie ihn oft nächtelang im Arm wiegen, weil er jedes Mal losschreit, wenn sie ihn ablegen oder das Licht im Zimmer ausschalten will. Die sechsjährige Marie nimmt ihn als kleinen Bruder an und hilft ihm später bei den Schulaufgaben. So schafft Stefan es bis zur mittleren Reife. Danach macht er eine Ausbildung zum Zahntechniker und arbeitet in einem großen Labor in Köln.

Der Ziehvater ist ein erfolgreicher Architekt, er überlässt seinem Adoptivsohn ein Apartment in einer Wohnanlage in der Innenstadt, die er geplant und gebaut hat. An den Wochenenden kommt Stefan trotzdem meist nach Bensberg – das elterliche Anwesen ist der großzügigste Platz, um seinen besten Freund Marco und die alten Kumpel zu treffen. »Es ist ein offenes Haus«, wie Werner Stagge zu sagen pflegt. »In dem jeder willkommen ist, solange er keine Gläser an die Wand wirft oder was mitgehen lässt.«

Bis dahin hätte es also kaum besser laufen können für Stefan, der sich von nun an Steve nennt. Dennoch machen ihn die Tage in Bensberg zunehmend unzufrieden. Was er da mit seinen Freunden an Wohlstand erlebt, gehört ihm zwar in der Theorie – sein Vater hat Marie und ihn als gleichberechtigte Erben eingesetzt. Aber davon hat er jetzt und in absehbarer Zeit nichts. Stattdessen sitzt er bis auf wenige Wochen im Jahr die ganze Zeit im Labor. Für die richtig tollen Reisen durch Kanada, Argentinien oder Australien fehlen Zeit und Geld.

Sein bester Freund Marco versteht das. Marco studiert in Köln ohne ernsthaftes Ziel vor sich hin und kann sich noch viel weniger leisten. Also spielen sie zusammen verschiedene Möglichkeiten durch, wie sie schnell zu Vermögen kommen könnten – von einem Privatkredit bis hin zu einer Art Vorschuss auf das Familienerbe. Irgendwann dann ist Marco beim radikalsten Szenario angelangt: »Stell dir vor, alle anderen verabschieden sich in nächster Zeit, und du wirst der einzige Erbe.«

Der Vorsitzende Richter wird bei der Urteilsverkündung betonen, dass er in seiner langjährigen Berufspraxis keinen Menschen mit größerer krimineller Energie und Abgebrühtheit erlebt habe als Marco Kienast. Der mag bei ihren gemeinsam begangenen Gewalttaten auch die treibende Kraft gewesen sein. Dennoch bleibt es für alle Beobachter und Experten ein Rätsel, was seinen Freund Steve dazu gebracht hat, mit solcher Brutalität und Kaltschnäuzigkeit gegen die Menschen vorzugehen, die es so gut mit ihm gemeint haben.

Denn was nun folgt, wird ebenso kühl geplant wie skrupellos und akribisch durchgeführt. Marie Stagge ist im November 1992 auf dem Fitness-Trip. Für ihre Hochzeit im nächsten Jahr will sie sich noch einige Pfunde abtrainieren. Deshalb spult sie beinahe jeden Abend ihr Joggingprogramm im nahegelegenen Bensberger Forst ab. Steve kennt die Strecke, er ist sie mit Marco ein paar Mal abgegangen, um die geeignetste Stelle zu finden. Dann passen die beiden die arglose Stiefschwester mit dem Auto ab und bieten ihr an, sie mit nach Hause zu nehmen. Unterwegs erwürgt Steve sie von hinten mit einer Drahtschlinge. Bevor sie ihre Leiche weit genug entfernt im Wald ablegen, täuschen sie mit einem Dildo eine Sexualstraftat vor. Tagelang wird nach Marie gesucht. Dann entdecken Spaziergänger sie zufällig. Bei den polizeilichen Befragungen geben sich die Täter völlig betroffen und ahnungslos, niemand kommt auf die Idee, sie zu verdächtigen.

Damit ist die Person beseitigt, der zu gleichen Teilen das Erbe zugestanden hätte. Aber noch bevor sie überlegen können, wie sie weiterverfahren wollen, erscheint ihnen Corinna, eine enge Freundin von Steve, als latente Bedrohung. Die hat an gemeinsamen Abenden zu häufig mitbekommen, wie sehr es ihren Freund nach dem schnellen Geld drängt. Jetzt, wo die Polizei in alle Richtungen ermittelt, kriegen beide kalte Füße. »Die muss schnell weg«, drängt Marco.

Kurz darauf, im Januar 1993, besuchen sie Corinna im Engadin, die dort sechs Wochen zuvor eine Ausbildung zur Hotelfachfrau begonnen hat. Sie laden sie ein, einen gemeinsamen Ausflug auf eine Berghütte zu machen. Ihr zweiundzwanzigster Geburtstag sei zwar schon ein paar Tage her, müsse aber unbedingt noch nachgefeiert werden. Kaum angekommen, erschießt Marco sie mit einer Kleinkaliber-Pistole aus kürzester Entfernung. Es gleicht einer Hinrichtung. Anschließend zersägen beide die Tote in Einzelteile, verbrennen diese dann im Kamin und entsorgen die Knochenreste in einer Jauchegrube. Darüber hinaus vernichten sie sorgfältig alle Spuren. Wenige Tage später wird das Opfer als vermisst gemeldet. Wieder geraten Steve und Marco nicht weiter in Verdacht.

Bis sie sich einen Plan für Werner Stagge zurechtgelegt haben, vergehen weitere fünf Monate. Für diesen Mord betreiben sie einen besonders großen Aufwand. Sie stehlen vom Betriebshof einer Straßenmeisterei einen Sprinter sowie alles, was sie benötigen, um auf der Strecke, auf der er jeden Sonntagmorgen zum Golfplatz fährt, eine Wanderbaustelle einzurichten. Mit mehreren Warnbaken und einem entsprechenden Schild leiten sie ihn dann an diesem Vormittag auf einen wenig befahrenen Wirtschaftsweg um. Dort erwarten sie ihn bereits. Als Straßenwärter verkleidet, in orangeroten Signalwesten und mit breiten Schutzvisieren vor dem Gesicht, geben sie ihm Zeichen, das Auto anzuhalten.

Dass es sich bei den beiden Männern um seinen Adoptivsohn und dessen Freund handelt, hat Stagge vermutlich nicht sofort erkannt. Sicher ist nur, dass Stefan versucht hat, ihn beim Aussteigen mit einem Eisenrohr bewusstlos zu schlagen. Stagge sinkt nach dem ersten Hieb mit einer klaffenden Platzwunde am Kopf zu Boden, bleibt aber bei Bewusstsein – und weiß auf einmal alles: Wer da vor ihm steht, wer seine Tochter Marie umgebracht hat und was als Nächstes mit ihm geschieht. So jedenfalls nimmt Stefan die Situation wahr, wie er Angelika Rupp später schildern wird.

Sofort noch mal zuschlagen kann er deshalb nicht. Also übernimmt Marco. Er reißt Steve das Eisenrohr aus der Hand und schlägt damit so lange auf den Schwerverletzten ein, bis der leblos am Boden liegt. Alles Weitere läuft dann wieder wie geplant: Die beiden Täter verfrachten den Toten samt den Warnbaken und Schildern in den Sprinter, den Marco steuert. Steve folgt im Jaguar seines Ziehvaters. So fahren sie bis zu einer Bahnstrecke. Dort legen sie Werner Stagge auf den Schienen ab und warten, bis er vom nächsten vorbeifahrenden Zug überrollt wird. Sie lassen den Jaguar stehen und lenken den Sprinter in einen aufgegebenen Steinbruch bei Königswinter. Hier übergießen sie das Auto mit Benzin und zünden es an. Schließlich fahren sie mit dem Toyota, den Marco vorab auf einem Parkplatz in der Nähe abgestellt hat, zurück nach Köln.

Ein drittes Mal bleibt ein Mensch auf der Strecke, ohne

dass jemand ahnt, wer die Täter sind. Der Polizei gegenüber sagen beide, die Nacht zuvor bei Marco gefeiert zu haben und am Sonntag erst gegen Mittag aufgestanden zu sein. So geben sie sich gegenseitig ein perfektes Alibi. Die Lokalpresse berichtet wenige Tage später von einer menschlichen Tragödie: Der erfolgreiche Architekt Werner S. hat offenbar den gewaltsamen Tod der einzigen Tochter nicht verwunden und seinem Leben ein Ende gesetzt.

Ihr Plan ist aufgegangen, obwohl sie ihn geändert haben – aber nur, was die Reihenfolge angeht. Ursprünglich hatten Steve und Marco vor, zuerst Karin Stagge umzubringen. Aber die eigentlich so agile Frau ist nach dem Mord an ihrer Tochter in eine schwere Krise gestürzt. Sie verlässt kaum noch das Haus und kämpft nach einem Rezidiv erneut mit einem Bauchspeicheldrüsenkrebs. Deshalb folgert Steve völlig nüchtern: »Die können wir auslassen, das erledigt sich von allein.«

Jetzt hat Karin Stagge auch noch ihren Mann verloren. Doch der Alptraum scheint kein Ende zu nehmen. Denn mit der Verhaftung und dem Geständnis von Stefan kommt alles noch schlimmer. Wenige Tage vor Eröffnung des Prozesses erliegt sie ihrem Krebsleiden.

»All diese Einzelheiten habe ich ja erst beim Prozess mitbekommen, das war einfach nur furchtbar. Wie kann man nur so erbarmungslos eine ganze Familie ausradieren? Und dann fragst du dich natürlich auch: Wie konntest du dich überhaupt auf so einen Menschen einlassen? Nie im Leben hätte ich dem so was zugetraut. Ich hab da erst so richtig begriffen, wie nah ich an einer Katastrophe vorbeigesegelt bin.«

Angelika Rupp hat inzwischen über eine Stunde lang von

der unheimlichsten Begegnung ihres Lebens erzählt. Doch die entscheidende Frage, die sie umtreibt, steht nach wie vor im Raum.

»Sie haben den ja sicher lange genug im Knast erlebt, was würden Sie sagen: Hat der inzwischen irgendwas kapiert? Bereut er denn, was er angerichtet hat? Kann so einer sich überhaupt ändern? Oder ist er derselbe, völlig skrupellose Mensch geblieben? Ich weiß ja nicht mal, wie der heute aussieht, wenn er mir begegnen würde, und ob ich ihn überhaupt erkennen würde.«

Mir jedenfalls ist bis heute nicht zu Ohren gekommen, dass sich ein Verbrecher nach seiner Entlassung an jemandem gerächt hat, der ihn ans Messer geliefert hat. Deshalb antworte ich ihr: »Glauben Sie mir, die Verantwortlichen prüfen in so einem Fall schon sehr genau, wen sie rauslassen und wen nicht. Außerdem gibt es die Führungsaufsicht und Bewährungsauflagen. Der bleibt also noch eine ganze Weile auf dem Schirm, und es ist unwahrscheinlich, dass so einer für einen völlig sinnlosen Racheakt riskiert, gleich wieder im Bau zu landen. Was hätte er davon?«

Das sind Argumente, die Angelika Rupp überzeugen. Ich kann förmlich spüren, wie sich ihre Stimme entspannt. »Ich bin froh, dass ich Sie angerufen habe«, sagt sie. »Und dass Sie nicht schnell wieder aufgelegt haben. Sie haben ja, weiß Gott, Wichtigeres zu tun.«

»Ich denke mal, dass Sie sich akut keine Sorgen machen müssen«, sage ich zum Schluss. »Nach allem, was ich weiß, dürften Sie auf der sicheren Seite sein. Aber hundertprozentig ausschließen lässt sich gar nichts, das haben Sie ja selbst erlebt. Letztlich steckt man nie im Kopf von anderen Menschen.«

Joe Bausch

Knast

Gebunden mit Schutzumschlag.
Auch als eBook erhältlich.
www.ullstein-buchverlage.de

Joe Bausch – Gefängnisarzt und Rechtsmediziner im Kölner Tatort

»Ich bin der Hausarzt von Mördern, Totschlägern, Verge-waltigern, Kinderschändern, Erpressern, Betrügern und Dieben. Ich bin RAF-Terroristen begegnet, Wirtschafts-kriminellen, Brandstiftern und Frauen, die ihr Baby um-gebracht haben. Aber auch vielen Eierdieben. Im Knast ist alles echt. Hier stehst du nicht mehr auf Brettern, die die Welt bedeuten. Hier stehst du knöcheltief in der Scheiße, bist konfrontiert mit einer Realität, die dir alles abverlangt.«

»Faszinierender Einblick in eine abgeschlossene Welt: Ein Gefängnisarzt schildert seinen Berufsalltag.«
Der Spiegel